Jörg Mangold

**WAIDMANNSHEIL
HERR DOKTOR!**

Jörg Mangold

WAIDMANNSHEIL

HERR DOKTOR!

Ein Landarzt und Jäger erzählt

BLV

Die Deutsche Bibliothek – CIP-Einheitsaufnahme

Mangold, Jörg:
Waidmannsheil, Herr Doktor! : ein Landarzt und Jäger erzählt / Jörg Mangold. – München ; Wien ; Zürich : BLV, 1998
 ISBN 3-405-15424-3

Illustrationen von Dr. Jörg Mangold

BLV Verlagsgesellschaft mbH
München Wien Zürich
80797 München

© 1998 BLV Verlagsgesellschaft mbH, München

Das Werk einschließlich aller seiner Teile ist urheberrechtlich geschützt. Jede Verwertung außerhalb der engen Grenzen des Urheberrechtsgesetzes ist ohne Zustimmung des Verlags unzulässig und strafbar. Das gilt insbesondere für Vervielfältigungen, Übersetzungen, Mikroverfilmungen und die Einspeicherung und Verarbeitung in elektronischen Systemen.

Umschlagentwurf: Studio Schübel, München
Umschlagbilder: Dr. Jörg Mangold

Lektorat: Gerhard Seilmeier, Dr. Eva Dempewolf

DTP: Satz+Layout Fruth GmbH, München
Druck und Bindung: Pustet, Regensburg

Printed in Germany · ISBN 3-405-15424-3

Inhalt

Vorwort 7

Doktor Fredemann 9

Der Bauernjäger 28

Der »Jagdberater« 40

Rosis großer Tag 57

Das Gelübde vom Böckler Karl 65

Im Nebel 91

Schicksalssymphonie 116

Die Katze der Hedwig Pollinger 127

Adel verpflichtet 140

Für Helga,
meine liebe Frau und Kollegin

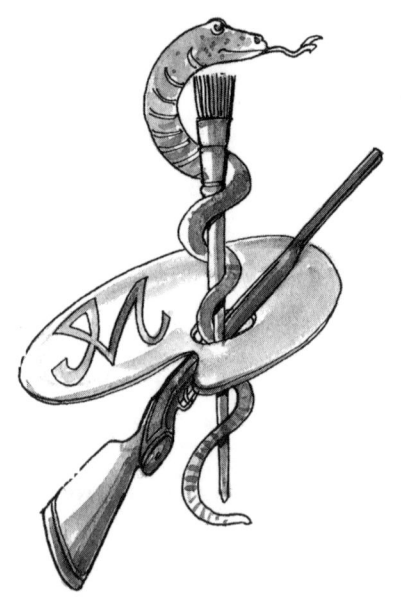

Vorwort

Aufgewachsen in einem Künstlerhaus inmitten von Pinseln, Stiften und Farben und umgeben von den Gemälden meines Vaters und einem Duft nach Terpentin, lag es nahe, daß ich irgendwann einmal selbst künstlerisch tätig werde. Zunächst träumte ich aber den Wunsch vieler Jungen, einmal Förster zu werden. Der Wald mit seinen Pflanzen und Tieren, vom Käfer bis zum Hirsch, zog mich sehr in seinen Bann. Mit sechzehn Jahren bekam ich eine hirschlederne Kniebundhose, und mein Vater meinte damals, die müsse herhalten bis zum Forstassessor.
Aus dem grünen Rock wurde nichts, dafür trug ich als Veterinärpraktikant einen grauen Stallmantel, den ich später gegen den weißen Kittel des Arztes eintauschte und ihn schließlich dann als Malerkittel verwendete. Zu allen Zeiten aber trug ich dazu stets den grünen Hut des Jägers. Durch mein ganzes Leben zieht sich das grüne Band der Jagd. Leuchtend ist es durchflochten mit den Farben des Jagdmalers, und in sterilem Weiß stechen die Fäden der Medizin daraus hervor. Heute bin ich Arzt, Jäger, Fischer und Jagdmaler, und die Wertigkeit, die ich den einzelnen Berufen oder Berufungen beimesse, ändert sich mitunter täglich.
Im Vordergrund meines Interesses als Maler, Jäger und Fischer stehen alle freilebenden Tiere und die Landschaft im Wechsel des Lichtes und der Jahreszeiten. Bindeglied zwischen meiner Passion als Jäger und der Begeisterung für meinen Beruf als Allgemeinarzt sind die Menschen, denen ich draußen begegne, die von mir Hilfe erwarten, die ich achte, schätze und liebe und die mir im Lauf der Jahre ans Herz gewachsen sind. Von ihnen will ich in diesem Buch erzählen.

Von dem französischen Philosophen und Schriftsteller Blaise Pascal las ich einmal das Zitat, daß diejenigen Bücher die besten seien, von denen jeder Leser meint, er habe sie selber machen können.

Ich wünschte mir, die Leser dieses Buches denken ähnlich, denn meine Jagdgeschichten sind dem täglichen Leben entnommen, die Erlebnisse nicht spektakulär. Ich habe sie so erzählt, wie ich sie erlebt habe, lediglich zur Wahrung der Schweigepflicht Orte und Namen geändert und, wie bei der Malerei, Störendes einfach weggelassen und etwas dazugesetzt, wenn es der Sache dienlich erschien.

Jörg Mangold

Doktor Fredemann

In dem kleinen mittelfränkischen Altmühlstädtchen, in dem ich aufgewachsen bin und wo ich eine unbeschwerte Jugend verbringen durfte, gab es zwei Zahnärzte, den Doktor Müller und den Doktor Fredemann. Obwohl diese beiden untersetzten älteren Herren von ihrem äußeren Erscheinungsbild auf mich Jungen einen eher gütigen, ja sogar väterlichen und herzlichen Eindruck machten, gelang es ihnen nicht, mir die panische Angst vor einer Zahnbehandlung zu nehmen. Bis auf den heutigen Tag konnte ich diese Furcht nicht ablegen. Alleine schon das Geräusch einer harmlosen Heimwerker- Bohrmaschine verursacht mir mitunter ein gewisses Unbehagen.
Einmal mußte es sein! Heftige Zahnschmerzen quälten mich seit Tagen. Ich mußte einen dieser beiden Herren aufsuchen – aber welchen? Bei der Wahl meines Peinigers spielten für mich aber weniger dessen fachliche Qualifikation, noch seine Referenzen eine besondere Rolle.
Von Doktor Müller, der mich damals schon vom Aussehen her an den unvergessenen Schauspieler Hans Moser erinnerte, wußte ich, daß er passionierter Fischer war.
Auf meinem Schulweg, der mich über die Altmühlbrücke führte, kam ich morgens immer an seiner Praxis vorbei. Allzugerne legte ich meinen Schulranzen ab, beugte mich über das Brückengeländer und beobachtete, wie der Herr Doktor im weißen Kittel von seinem Praxisfenster aus die Fische in der träge dahinfließenden Altmühl fütterte. Von einer alten Semmel, manchmal auch von einem größeren Stück Brot, brach er kleine Stücke ab, und an der Art, wie er diese gekonnt über seinen kleinen Vorgarten hinweg ins Wasser warf,

erkannte man den geübten Spinnfischer. Ganze Schwärme von Weißfischen wühlten das damals noch glasklare Wasser auf, wenn Doktor Müller fütterte. Hatte er die Semmel oder das Brot gerecht unter seinen Schützlingen aufgeteilt, klopfte er sich die Hände sauber, schloß das Praxisfenster und begann mit seiner Sprechstunde. Ich schlüpfte wieder in die Riemen meines braunen, ledernen Schulranzens und bewältigte die restlichen drei- oder vierhundert Meter zur Schule in einem so schnellen Dauerlauf, daß es den aus der Schultasche hängenden Tafellappen ungestüm hin- und herwirbelte.

Doktor Fredemann dagegen war Jäger. Sein äußeres Erscheinungsbild erinnert mich heute, wenn ich zurückdenke, an die unverwechselbaren Karikaturen Eduard Thönys aus dem Simplicissimus. Als Jäger, egal ob er nun auf dem Weg zur Jagd oder zu anderen Verrichtungen im Ort unterwegs war, trug er stets seinen dunkelgrünen Hut aus Verloursamt. Über die breite Hutkrempe hing schlapp ein üppiger Gamsbart herunter, dessen reifige Spitzen auf der linken Schulter des Herrn Doktor aufsaßen. Das lag aber nicht alleine nur daran, daß er den Hut immer sehr verwegen und schräg aufhatte, sondern besonders auch an seinem kurzen Hals, der von einem mächtigen Doppelkinn und während der kalten Jahreszeit vom Opossumkragen seiner zweireihigen Lodenjacke vollständig verdeckt wurde.

Eine lange Narbe durchfurchte seine linke Wange, ein Schmiß, den er sich in jungen Jahren als Mitglied einer schlagenden Studentenverbindung beim Fechten eingefangen hatte. Seine Oberlippe verbarg sich hinter einem silbergrauen, bürstenartigen Schnauzer, unter dem fast rund um die Uhr der erkaltete Stummel einer dicken Zigarre hervorstach.

Meine Großtante Emma gebrauchte als Flaschenuntersetzer für ihren selbstgemachten Beerenwein immer einen kleinen Zinnteller mit dem Konterfei des Fürsten Bismarck. Ich glaubte als Kind lange Zeit, daß dieser freundliche in Zinn gegossene Herr der Doktor Fredemann sei. So ähnlich sah er dem großen Staatsmann! Erst viel später erkannte ich meinen

Irrtum. Heute bin ich froh, daß ich diesen kleinen Teller als einzige Erinnerung an die alte Emma aufbewahren darf.

Fredemann war wohlbeleibt. Als Folge einer Kriegsverletzung zog er das rechte Bein ein wenig nach, wodurch die schwere silberne Kette seiner Taschenuhr auf der grünen Weste, die sich über seinen Bauch spannte, hin- und hertanzte. Was mich an seiner Erscheinung aber besonders beeindruckte, waren seine beiden Deutsch Langhaar, ein hoher schlanke Rüde und eine etwas gedrungenere Hündin, die ihn stets begleiteten oder besser gesagt eskortierten.

Ich hatte, wie gesagt, heftige Zahnschmerzen, aber was mich noch mehr belastete, war die Angst vor dem zahnärztlichen Eingriff. Wem sollte ich mich nun anvertrauen? Dem Fischer oder dem Jäger?

Ich bin seit langem der Überzeugung, und in vielen Fällen habe ich mich darin bestätigt gesehen, daß es keine Zufälle gibt. Ist es nun Gottes Fügung, ist es Vorbestimmung, oder sind es irgendwelche geheimen Kräfte, Strahlen oder Mächte, die alles so lenken und steuern, daß es so kommt, wie es schließlich kommt?

An Wahrsagerei, Pendelei und an den aufschlußreichen Blick irgendwelcher geschäftstüchtiger Seher in die Sterne zum Zwecke der Erstellung einer Lebensperspektive glaube ich nicht. In meinem Falle möchte ich es als eine glückliche Fügung des Schicksals bezeichnen, daß ich mich bei der Wahl meines Zahnarztes an jenem Tag für den Jäger entschieden habe.

Ein mächtiges, etwas unnatürlich präpariertes Keilerhaupt fletschte mir seine mächtigen Waffen entgegen, als ich das Treppenhaus zu Doktor Fredemanns Praxis betrat. Drohend blickte der grimme Basse auf mich herab, als ich die vielen glatten, bei jedem Schritt knarrenden, nach frischem Bohnerwachs riechenden Stufen zum Wartezimmer emporstieg.

»Erlegt im Kohlschlag« war in weißen Lettern auf dem dunkel gebeizten, von viel geschnitztem Eichenlaub umkränzten Trophäenschild zu lesen.

Als wald- und wildbegeisterter Junge kam ich bei meinen Streifzügen viel in den Bauernwäldern und in den Gräflichen Forsten herum, und so war mir der Kohlschlag ein Begriff. Ich kannte sie alle, die Waldabteilungen und die Schläge. In kunstvollen, eher gemalten als geschriebenen Lettern standen ihre Namen auf den schon leicht verwitterten Holzschildern zu lesen, die irgendwo hoch am Stamm einer Buche oder Eiche angebracht waren.

Das waren noch Schilder, die sich ganz unauffällig ins Landschaftsbild einfügten und im Laufe von Jahrzehnten allmählich vermoderten und so, anders als die modernen Blech- und Plastikschilder, der Vergänglichkeit preisgegeben waren. Ich fand einmal eine bestimmt über zweihundert Jahre alte Buche. In ihren Stamm steckte, wie ein Fremdkörper, gegen den sich der alte Baum wehren wollte, eingewachsen und zum Teil von wulstiger Rinde überdeckt, ein weitgehend verrostetes Emailschild, auf dem mit etwas Mühe noch zu lesen war:

»Dieser Baum ist ein Naturdenkmal, Schütze die Natur!«

Zu meiner Kinderzeit gab es in meinem Heimatort einen im Dienste des Grafen stehenden Förster namens Barbor. Er besaß neben einem herzerfrischenden Humor auch ein großes Talent zum Malen und Dichten. Er machte sich einen Spaß daraus, längst bevor der Begriff »Waldlehrpfad« überhaupt geprägt war, die Waldspaziergänger mit selbstgemalten, lustig gestalteten Schildern auf humorvolle Weise zu belehren. An eine dieser kleinen Holztafeln, die ganz in der Nähe des Kohlschlages angebracht war, erinnere ich mich genau. Barbor hatte in gekonnter, Geilfuß'scher Manier eine dumm dreinschauende Kuh und eine einfältige, weiße Ziege auf einer Wiese grasend dargestellt und dazu gedichtet:

Lieber Wanderer merk Dir das,
bleib auf dem Weg, steig nicht ins Gras,
damit man leicht und ohne Müh
Dich unterscheiden kann vom Vieh!

Auch diese vielen hölzernen, künstlerischen Botschaften des malenden und dichtenden Försters sind längst verschwunden und durch grell bunte Plastiktafeln mit dem Aufdruck »Naturpark Altmühltal« ersetzt.
Zurück in die Praxis von Doktor Fredemann!
Daß es im Kohlschlag solche kapitalen Keiler geben sollte, verwunderte mich sehr. Andächtig studierte ich die vielen Rehbockgehörne, die beinahe eine ganze Wand des Wartezimmers ausfüllten. Stapel von abgegriffenen Jagdzeitschriften lagen auf dem Fensterbrett und weckten ebenso wie die Stopfpräparate eines Bussards und eines Jungfuchses mein Interesse. Was gab es nicht alles zu sehen in diesem Naturalienkabinett! Hätte da nicht der ganz typische Zahnarztgeruch in der Luft und ein schon etwas abgegriffenes Schild an der Türe gehangen: »Neuen Krankenschein bitte nicht vergessen!«, ich hätte geglaubt, in einem Jagdzimmer zu sitzen.
»So, komm nur rein und setz dich schon mal auf den Stuhl! Mein Mann wird sich dich gleich vornehmen!«
Oh Gott, – da war sie wieder diese Angst, die auch nicht weichen wollte, als mir die freundliche Frau Fredemann eine Tafel Schokolade in die Tasche meiner kurzen Lederhose schob.
Überall standen vorsintflutliche Bohrgeräte herum, die mit keilriemenähnlichen Schnüren angetrieben wurden. In einem weißen Glasschrank erkannte ich silbrig glänzende Zangen, Spritzen, Spatel und lange Pinzetten. Genauer wollte ich mich gar nicht umschauen, denn der Schweiß tropfte mir förmlich aus meinen Handflächen. Von den Zahnschmerzen spürte ich zu diesem Zeitpunkt schon nichts mehr. Aber das ist ja ein seit langem bekanntes Phänomen.
Das mit milchigem Glas versehene Fenster gegenüber dem Behandlungsstuhl stand einen schmalen Spalt offen, durch den ich genau auf die hoch über dem Ort liegende Burgruine schauen konnte, den Ort unserer Abenteuerspiele. Wie gerne wäre ich jetzt da oben gewesen. Jetzt gab es kein Entrinnen mehr.

Zu beiden Seiten des Fensters erregten mehrere kleine Bilder meine Aufmerksamkeit. Es waren Kunstdrucke aus dem »Deutschen Jäger«, säuberlich ausgeschnitten, aber nur mit Reißzwecken an der Wand befestigt. Ich erinnere mich an einen mißtrauisch zum Betrachter heräugenden Berghirsch, an einen Gamsjäger mit Schweißhund und an einen den Kragen weit aufgestellten, balzenden Auerhahn. Heute weiß ich, daß es sich um Reproduktionen von Gemälden Ludwig Hohlweins und Michael Kiefers gehandelt hat, zwei begnadeter Jagdmaler, die ich sehr verehre.

Endlich ging die Türe auf, und herein kam Doktor Fredemann, gefolgt von seinen beiden Hunden, die sofort am Behandlungsstuhl hochsprangen, um sich abliebeln zu lassen. »Raus!« dröhnte in tiefem Bass sein Kommando, und mit eingezogener Rute drückten sich die beiden davon. Ein paarmal zog Fredemann an seiner zu verglimmen drohenden Zigarre, bließ den blauen Rauch genüsslich gegen die Zimmerdecke und legte den zu neuer Glut erwachten Stumpen dann neben der Seife am Waschbecken ab, um sich die Hände zu waschen. Obwohl sein weißer Kittel, der den gewaltigen Bauch überspannte, beinahe bis zum Boden reichte, erkannte ich, daß Fredemann grüne Kniestrümpfe trug. Weiße Arztsocken mag es damals wohl schon gegeben haben, aber zu einer Kniebundhose paßten sie halt mal nicht.

Gütig beugte er sich zu mir herunter und fragte mich nach meinem Namen. Er roch nach kaltem Zigarrenrauch und frischem Bohnenkaffee, denn er kam aus der Mittagspause. Freundlich lachte er auf, als er erfuhr, wo er mich hinstecken mußte, und trat einen Schritt zurück und musterte mich: »Dann bist du ja ein Enkel vom alten Schreiner Schmidt und ein Neffe vom Fritz und vom Karl!« war seine überraschte Reaktion. Karl und Fritz waren die Brüder meiner Mutter, zwei hochgeachtete Schreiner, die ich nicht mehr kennenlernen durfte, denn beide waren im Krieg gefallen. Fredemann wollte mich mit einem Gespräch ablenken, indem er sich nach meiner Verwandtschaft erkundigte. Seine Fragen waren aber alle

rein rhetorischer Art, denn er wußte genau, daß ich ihm mit einem Sauger, einem Zahnspiegel und einem breiten Spatel im Mund gar keine Antwort geben konnte. Während er bohrte, trieb es mir den Schweiß auf die Stirne.
»Ja da schau her, genauso wie du hat dein Onkel Karl immer geschwitzt, wenn er bei einem Umzug unseres Veteranenvereins die schwere Fahne mit den vielen Ehrenbändern durch den Ort tragen mußte«, beruhigte er mich. Ich versuchte zu lächeln, aber es tat so höllisch weh. Nachdem endlich diese ganze Prozedur überstanden war und ich meinen Mund spülen durfte, hatte Fredemann schon wieder seine Zigarre in Brand gesetzt. Auf seinen kurzen, schrillen Pfiff flog die Türe zum Sprechzimmer auf, und herein stürmten die beiden Jagdhunde, die offensichtlich schon ungeduldig vor der Türe liegend auf die Stimme ihres Herrn gewartet hatten, der nichts dagegen hatte, daß ich die beiden schönen, langhaarigen Tiere streichelte. So kamen wir ins Gespräch, über mein Interesse an der Natur, an den Tieren und am Wald. Da lud er mich ein, ihn am folgenden Tag auf die Jagd zu begleiten. Die Tatsache, daß ich ein Enkel vom alten Schreiner Schmidt war, hatte beim Zustandekommen dieser Einladung sicherlich keine unwesentliche Rolle gespielt.
Als Mitglied der Deutschen Waldjugend besaß ich ein grünes Hemd mit Schulterklappen, eine Bundhose und ein Fernglas. So gab ich, was die Anzugsordnung betraf, einen durchaus brauchbaren Jagdbegleiter ab. Es erfüllte mich mit großem Stolz, als Beifahrer Dr. Fredemanns mit dessen Drilling zwischen meinen Knien durch unseren kleinen Ort zu fahren. Ich merkte sehr bald, und es machte mich sehr glücklich, daß Fredemann mich brauchte, denn infolge seiner Leibesfülle und seiner Kriegsverletzung war er nicht mehr in der Lage, seine Rehwildfütterungen alleine zu versorgen. Auch das Chauffieren seines VW-Kombiwagens im schweren Gelände fiel ihm sichtlich schwer. Bereits bei unserer zweiten gemeinsamen Revierfahrt ließ er mich, damals gerade mal fünfzehn Jahre alt, ans Steuer seines Autos, sobald wir die öffentliche Straße

verlassen hatten. Er setzte sich in den Fond des Wagens zu seinen Hunden, rauchte seine Zigarre und spekulierte nach links und rechts aus den Fenstern, ob irgendwo auf der Altmühl Enten lägen. Entdeckten wir hoch vom wacholderbestockten Jurahang aus tief unten auf dem Fluß ein Schof, dann war es meine Aufgabe, den Herrn Dokor mit dem Wagen möglichst nahe an die Enten zu bringen. Die letzten Meter stolperte er in gebückter Haltung auf das Steilufer zu, während ich alle Hände voll zu tun hatte, die beiden vor Jagdpassion aufheulenden Hunde zu bändigen. Kurz vor dem Ufer sah ich ihn die Hähne seines alten Drillings spannen, und an den kleiner werdenden Rauchwölckchen seiner Zigarre erkannte ich seine innere Anspannung. »Bumm, bumm«, hörte ich die dumpfen Schrotschüsse erst, wenn die rasch abstreichenden Enten schon zuviel an Höhe gewonnen hatten.

Jedesmal nach einem Schrotschuß sah ich ihn die leere, noch rauchende Patronenhülse aus dem Patronenlager ziehen und dann genußvoll an dem sich allmählich verflüchtigenden, knoblauchartigen Pulverdampf riechen. Hin und wieder ertappe ich mich heute selbst dabei und lasse mich durch diesen Pulvergeruch in jene beglückende Zeit zurückversetzen.

Getroffen hat er bei diesen gemeinsam inszenierten Entenjagden nie etwas. Daß wir keine Beute machten, hat mich nie gestört. Das ganze Drum und Dran einer solchen Jagd, das Vertrauen, welches er in mich setzte, die Anerkennung die er mir zollte, und nicht zuletzt die abendliche Einkehr in eine Bauernwirtschaft zu Bier und fränkischen Bratwürsten waren es, was mich besonders und nachhaltig beeindruckte.

Bald gab es kein Wochenende mehr, an dem Fredemann ohne mich in sein Revier gefahren wäre. Ich war nun offiziell sein Jagdhelfer, der ihm nicht nur den Wagen lenkte, die Hunde bewegte und die Waffen putzte, sondern ihm auch beim Anziehen seiner orthopädischen maßgefertigten Stiefel behilflich war.

Mit dem ersten Schnee kamen die Sauen. Im Kohlschlag, dem Erlegungsort jenes Treppenhauskeilers, hatten sie auf einem abgeernteten Kartoffelacker gebrochen und im nassen Schnee ihre Trittsiegel wie Visitenkarten hinterlassen. Einige Überläufer und eine Bache waren da in der vergangenen Nacht am Werk.

Meine Schultasche flog nur so in die Ecke, als ich am Freitag von der Schule nach Hause kam und von meiner Mutter hörte, daß Fredemann mich um neunzehn Uhr zum Nachtansitz erwartete. Dieser Ansitz ist mir nicht nur deshalb in besonderer Erinnerung, weil es die erste Saujagd war, die ich miterleben durfte, sondern weil Fredemann mir an diesem Abend zum ersten Mal eine Waffe in die Hand drückte, eine sechzehner Hahnflinte und dazu vier Brennecke Patronen. In dicken Loden gehüllt, mit Wolldecken über den Knien, saßen wir eng aneinandergepreßt auf der kleinen, viel zu engen Leiter am Waldrand des Kohlschlags. Ich war überglücklich und ich konnte es nicht fassen, daß ich heute zum ersten Mal eine Waffe führen durfte. Für einen fünfzehnjährigen Jungen ist das, glaube ich, ein ganz besonderer Vertrauensbeweis.

Ähnlich stolz und ganz groß kam ich mir viele Jahre später vor, als ich während eines veterinärmedizinischen Praktikums erstmals ein Ferkel spritzen durfte. »Du machst ein Gesicht wie ein Soldat, der zum ersten Mal mit dem Bajonett zustechen muß«, zog mich damals der Assistenzarzt auf.

Verstohlen machte ich einige Zielübungen, soweit die Enge auf dem Hochsitz das überhaupt zuließ. Daß die Sauen jeden Moment kommen mußten, daran hatte ich nicht den geringsten Zweifel. Ich hatte nur etwas Bedenken, daß ich sie auch treffen würde, denn ich hatte bis zu diesem Zeitpunkt noch nie einen Schuß mit einer Feuerwaffe abgegeben. Fredemann wußte das, meinte aber, ich müsse nur mitten drauf halten. Wichtig wäre nur, daß wir beide gleichzeitig abdrückten. Einer besonderen Vergatterung hatte er mich vorher nicht unterzogen. Genauso selbstverständlich, wie er mich ohne Führerschein den Wagen chauffieren ließ, wollte er mich auch ohne Jagdschein schießen lassen, denn in seinem Revier machte er die Gesetze.

Fredemann hatte offensichtlich einen schweren, anstrengenden Tag in der Praxis gehabt, denn schon nach der ersten halben Stunde verfiel er immer für ein paar Sekunden in einen kurzen, tiefen Schlaf. Wachte er wieder auf, dann sog er mehrfach kräftig am Stummel der Zigarre, die unter seinem Schnauzer hervorschaute und im erneuten Aufglimmen das Tröpfchen an Fredemanns Nasenspitze rötlich aufleuchten ließ. Zuerst nur alle paar Minuten, dann immer häufiger überkam Fredemann ein leichter Hustenreiz, den er anfangs noch unterdrücken konnte. Jedesmal, wenn ihn wieder so eine Hustenattacke übermannte, und er versuchte, die kräftigen Hustenstöße mit festgeschlossenen Lippen im Zaum zu halten, dann bebte sein gewaltiger Oberkörper auf, und er preßte mich dabei erbarmungslos gegen die seitliche Auflagestange der kleinen Leiter. Gelang es ihm nicht, gegen das Kratzen und Kitzeln in Kehlkopf und Luftröhre anzukämpfen, und zerriß er mit einem lauten Beller, ähnlich dem Schrecken eines alten Bockes, die Stille der Nacht, dann ärgerte ihn das so sehr, daß er – was konnte er damit noch verderben? – einen Fluch daraufsetzte.

Das »Ja, Himmi, Herrgott, Kruzef. . . . . . .!« preßte er dabei aber leise und verhalten in den dicken Pelzkragen seines Lodenmantels, um die Sauen nicht vollends zu vergrämen.

Ich glaube, wir saßen so etwa drei bis vier Stunden auf der wackeligen, engen Kohlschlagleiter und hatten infolge der Hustenkanonaden und der Havanna-Rauchwolken Fredemanns keinen Anblick.

Ich war jedenfalls erleichtert, mich beim ersten bewaffneten Ansitz nicht mit einem Fehlschuß blamiert zu haben. Wir fährteten die Sauen auch in den folgenden Wochen nicht mehr. Sie waren längst über alle Berge.

An den folgenden Wochenenden drückte ich mit den beiden Deutsch Langhaar Butzi und Susi die mit Schlehenhecken und Wacholderbüschen bestockten Jurahänge durch, um Fredemann endlich auf einen Hasen zu Schuß zu bringen. Es ist mir jedoch nie geglückt, denn entweder haben sich die Langohren heimlich auf dem Rückwechsel davongestohlen oder sie kamen, was häufiger der Fall war, für den alten Fredemann einfach zu schnell. Das hinderte uns nicht daran, auf dem Heimweg in der kleinen Bauernwirtschaft einzukehren, wo man immer erst dann eine Brotzeit und ein Bier bekam, wenn der Wirt mit der Stallarbeit fertig war. Standen seine schwarzen Gummistiefel vor der Haustüre, dann wußte man, daß er die Stallarbeit beendet und die Mistgabel gegen den Kochlöffel getauscht hatte. Die leeren Bierfässer und die ausgewaschenen Milchkannen lagerten auf einem hölzernen Gestell neben dem Misthaufen, der seine warmen Dämpfe abgab. Kalt und finster war es im breiten mit Jurasteinen gepflasterten Hausflur. Einladend, behaglich und warm war jedesmal die mit einfachen Holzbänken eingerichtete Wirtsstube, in der es nach abgestandenem Bier und erkaltetem Zigarrenrauch roch. Meistens setzten wir uns neben den warmen Kachelofen auf das alte, abgewetzte Ledersofa. Ein weggelegtes, halbfertiges Strickzeug, Wollknäuel, Stopfgarn und Flickwäsche lagen in der einen Ecke des alten Sitzmöbels, und im anderen Eck, auf einem Stapel aufeinandergeschichteter Ausgaben des »Landwirtschaftlichen Wochenblattes«, schlief eingerollt eine dreifarbige Katze, die sich nie stören ließ, wenn wir uns zu ihr setzten.

Es mag sein, daß in der Erinnerung alles noch viel schöner und wertvoller empfunden wird als es in Wirklichkeit war. Ich würde viel darum geben, könnte ich heute noch einmal in der Geborgenheit dieses Wirtshauses, in dem Duft von Stall und Küche, Zigarrenrauch und Bier einen Abend verbringen.

Neben der Theke befand sich ein kleines Schiebefenster zum Hausflur, die sogenannte Gassenschänke. Über einen Seilzug konnten die Bauern vom Flur aus eine Glocke in der Wirtsstube betätigen und so über die Durchreiche ihren mitgebrachten Bierkrug füllen lassen, ohne Schmutz in die Stube zu tragen. Das Praktische an dieser Einrichtung war auch, daß ein ständiges Türauf und -zu und somit auch ein Entweichen der kostbaren Stubenwärme verhindert wurde.

Den großen Temperaturunterschied zwischen dem kalten Flur und der warmen Stube mußte ich einmal am eigenen Leibe erfahren, als Doktor Fredemann die Jagdgenossen kurz vor Weihnachten zum traditionellen Rehessen in eben diese Wirtschaft geladen hatte.

Die einfachen Holztische hatte die Wirtin fein säuberlich mit weißen Tischdecken gedeckt und in der Mitte mit Fichtenbrüchen dekoriert. Sechsarmige Silberleuchter mit weißen Kerzen paßten eigentlich so gar nicht in diese Umgebung, verbreiteten aber ein warmes Licht und verliehen dem Abend einen festlichen Anstrich.

Fredemann hatte zur Feier des Tages seinen Trachtenanzug angelegt, dazu eine grüne Krawatte, deren Knoten man wegen seines Doppelkinns nicht sehen konnte. Vor sich auf dem weißen Leinentischtuch hatte er die Gehörne seiner in diesem Jahr zur Strecke gebrachten Rehböcke ausgebreitet. Bevor er mit seiner Rede begann, ließ er unter den etwa zehn bis fünfzehn Jagdgenossen eine Kiste mit Zigarren kreisen. Gierig griffen die Bauern mit ihren klobigen Fingern in das hölzerne Kistchen und schoben sich die teueren Havannas schnuppernd unter der Nase hin und her, um sie dann umständlich in Brand zu setzen.

Fredemanns Rede unterschied sich kaum von den Reden anderer Jagdpächter bei dererlei Anlässen. Der Rückgang des Wildbestandes, der Preisverfall beim Wildbret und die dem Mähtod anheimgefallenen Rehkitze waren ebenso seine Themen wie Verteuerung des Wildfutters und die durch die Krankenkassen immer schlechter honorierten zahnärztliche Leistungen. Nichtsdestotrotz habe er sich nach langer, reiflicher Überlegung und gegen den Willen seiner Frau doch dazu durchgerungen, die Jagd auch in der nächsten Periode wieder zu pachten, wenn man ihm im Preis entgegenkäme.

Geschickt hatte der alte Taktiker das eingefädelt, denn ich wußte ja, wie sehr er hoffte, die Jagd wieder zu bekommen. Zustimmendes Klopfen knöcherner Bauernfäuste auf der Tischplatte signalisierte die einhellige Zustimmung, und dem

Rehbraten stand nun nichts mehr im Wege. Zum Abschluß seiner Rede stellte er mich der versammelten Corona als seinen treuen und bewährten Jagdhelfer vor und vergaß auch nicht zu erwähnen, daß ich ein Enkel vom alten Schreiner Schmidt sei. Ich kam mir in diesem Moment so erwachsen davor, daß ich mir wie selbstverständlich eine Havanna aus dem Kistchen nahm und sie mit meinem rußenden Sturmfeuerzeug, das ich schon seit Jahren immer bei mir trug, ansteckte.

Daß mich Fredemann trotz allem aber doch noch nicht als Mann anerkannte, merkte ich nach dem Essen und dem Verdauungsschnaps, als es an das Erzählen seiner schlechten Männerwitze ging, für die er im geselligen Kreis bekannt war und auf die man auch an diesem Abend schon gierig gewartet hatte. Bevor er eine seiner ersten Zoten zu liefern begann, tat er nämlich kund, daß er aus mir zwar einen echten Jäger machen, aber nicht zulassen wolle, daß ich einer sittlichen Gefährdung ausgesetzt würde, und daß er sich deshalb genötigt sehe, mich für einen kurzen Moment auf den Flur zu verbannen.

Unter lautem Gelächter der schon angetrunkenen Bauern hatte er, wie damals seine beiden Hunde aus dem Sprechzimmer, diesmal mich hinauskommandiert. Mir war das Ganze ein wenig peinlich, wo ich doch schon wie selbstverständlich eine Zigarre rauchte. Eiskalt und dunkel war es auf dem Flur. Nur ein wenig Licht fiel durch die Gassenschänke auf den Steinboden. Richtig! Die Gassenschänke!, schoß es mir durch den Kopf. Eng legte ich mein Ohr an die kalte Glasscheibe des Schiebefensters und konnte nun den Zoten und Witzen Fredemanns unbehelligt lauschen. Lautes Gelächter und dröhnendes Aufschreien der allmählich abgefüllten Bauern ließen die Fensterscheibe vibrieren. Mir waren die meisten Witze bekannt, und ich verstand wirklich nicht, warum er mich deswegen auf den kalten Flur hinausgeschickt hatte.

Endlich ging die Türe auf, und Georg Deffner, genannt der Deffner Schos, ein langer, dürrer Bauer, wankte zum Pissoir

auf dem Hof, wobei er schon Mühe hatte, nicht über seine eigenen Beine zu stolpern. Ohne seine Zigarre aus dem Mund zu nehmen (ich hatte ihn weder früher noch später einmal rauchen sehen), sagte er zu mir im reinsten Fränkisch:
»Horch, da Dokta hat g'sacht, Du kunnscht wieda neikumma!«
Und wie abwesend, immer noch über den letzten Witz Fredemanns lachend, wankte er in den dunklen Hof hinaus.
Fredemann war immer ein großzügiger Gastgeber und ein perfekter Gesellschafter. Schon kurz nach dem besagten Rehessen, noch mitten in der Weihnachtszeit, weihte er mich ein, daß er diesmal zu Fasching in der nahen Kreisstadt einen großen Jägerball für die Kreisgruppe des Landsjagdverbandes organisieren müsse und daß er mich schon heute zu seinem Assistenten im Festausschuß verpflichten wolle.
Nach dem letzten silvesterlichen Hasenstampern, wie in Franken eine Hasenjagd im kleinen Kreis genannt wird, war es mit der Jagd vorbei. Doktor Fredemann hatte von nun an nur noch Zeit für die Ballvorbereitungen. In seinem Wohnzimmer türmten sich die Preise für die Tombola, die sich Fredemann von Geschäftsleuten erbeten hatte und deren Erlös der Biotopverbesserung zukommen sollte. Meine Aufgabe als sein Assistent bestand haupsächlich darin, Luftballons für die Saaldekoration aufzublasen und Lose einzutüten.
Der Ball wurde zu einem vollen Erfolg. Kostümiert als Zirkusdirektor, führte Fredemann als Conferencier durch das Programm, wobei er sich, dank seiner lauten, tiefen Stimme keines Mikrofones bedienen mußte. Ich durfte im Kostüm eines Steinzeitjägers, mit schweren Rehdecken behangen und eine dicke Holzkeule schwingend, mit Fredemanns Frau die Polonaise anführen. Fredemann war in seinem Element, und trotz seiner Gehbehinderung schwang er das Tanzbein, bis ihm der Schweiß von der Stirne tropfte und ihm sein triefnasses Zirkusdirektorenkostüm am Leib klebte.
Nachdem die letzten Ballbesucher in den frühen Morgenstunden den Saal verlassen hatten, saß er abgekämpft, aber glücklich auf einem Stuhl droben auf der mit bunten Ballons und

Fichtenreisig geschmückten Bühne und blickte mit müden Augen zu mir herab.

»So, das wäre geschafft. Ich danke dir für deine Hilfe. Die Gaudi ist vorbei! Ab jetzt gehn wir wieder ins Revier, und in diesem Jahr wirst du deinen ersten Bock erlegen!«

Leider kam er nicht mehr dazu, mich auf meinen ersten Bock zu begleiten, denn zwei Wochen später wurde er mit einer schweren Lungenentzündung ins Kreiskrankenhaus eingeliefert.

Das Krankenhaus lag ganz in der Nähe meines Gymnasiums, und so konnte ich ihn fast täglich besuchen. Unendlich schwach, aber lächelnd lauschte er meinem Bericht über seine Hunde, die ich nun täglich spazierenführte, und über die Rehwildfütterungen, die ich am Wochenende nun ganz alleine mit meinem Schlitten beschickte. Acht Kilometer Fußmarsch mußte ich jedesmal bewältigen, um nur das Nötigste an Heu und Rübenschnitzeln auszubringen.

Fredemanns Zustand verschlechterte sich rasch. Auf einem Privatrezept aus seiner Praxis hatte er mir noch schriftlich die Anweisung gegeben, doch unbedingt nach dem Füttern im Wirtshaus einzukehren. Ich solle nur anschreiben lassen. Er würde die Rechnung dann nach seiner Entlassung aus dem Krankenhaus begleichen.

Sein Zustand war mittlerweile so ernst geworden, daß außer seiner engsten Verwandschaft nur ich ihn noch besuchen durfte. Ich sah, wie es um ihn stand, und ich wußte nicht, wie ich mich in dieser Situation verhalten sollte. Etwas verlegen erzählte ich ihm, daß wir morgen in der Schule einen Faschingsball hätten, den ich organisieren müsse. Da öffnete er leicht die Augen und sah mich lächelnd an. Leise und nur schwer vernehmbar sagte er zu mir: »Wenn du mein Zirkusdirektorenkostüm brauchst ... du brauchst es dir nur holen ... und vergiß nicht, eine Polonaise zu machen ... das kommt immer gut an!«

In der folgenden Nacht verstarb Fredemann. Ich erfuhr es in der Schule von einer Mitschülerin, die hinter mir saß. Sie war die Tochter unseres Pfarrers.

Von der Beisetzung Doktor Fredemanns, an der ich trotz einer fieberhaften Grippe unbedingt teilnehmen wollte, bekam ich nicht viel mit, denn vor dem Friedhofsportal wurde ich ohnmächtig und von einer starken, hühnenhaften Frau aufgefangen und nach Hause gebracht.
Wenige Tage nach Fredemanns Beerdigung läutete ein hochgewachsener, freundlicher Herr an unserer Türe. Er war jägerisch gekleidet und trug eine große Pelzmütze auf dem Kopf. Er wolle mich zum Füttern abholen, denn er sei der Nachpächter von Doktor Fredemanns Revier. Fredemann hatte ihm sein Revier testamentarisch vermacht, aber nur unter der Bedingung, daß er mich weiterhin als Jagdhelfer mitnehmen und meine Ausbildung zum Jäger weiterführen würde.

So hatte ich einen Lehrprinz und wieder einen väterlichen Freund gefunden, mit dem mich bis auf den heutigen Tag eine herzliche Freundschaft verbindet.

Der Bauernjäger

Das kleine barocke Dorfkirchlein war bis auf den letzten Platz besetzt. In den Gängen unter der Empore und sogar draußen vor dem Portal standen die schwarz gekleideten Menschen dicht gedrängt. Alle wollten sie Abschied nehmen vom Hans, einem hochgewachsenen Rottaler Bauern, der bei den niederbayerischen Pferdezüchtern, Bauern und Jägern gleichermaßen geschätzt und dessen Name weit über die Grenzen des Rottals bekannt war. Hans stand schon im neunundsiebzigsten Lebensjahr, war aber von einer solchen Vitalität und Kraft gewesen, daß sein plötzlicher Tod doch für alle überraschend kam.
Ich hatte mich verspätet, denn erst draußen am Dorfrand, wo die Felder des Hans begannen, fand ich noch einen Parkplatz. Freundlich bildeten die Trauernden vor dem Portal eine Gasse, um mich in die Kirche zu lassen, denn ich war der Hausarzt vom Hans gewesen. Der Pfarrer und der Doktor genießen auf dem Land halt gewisse Privilegien! Auch einen Sitzplatz hatte mir die Leichenfrau in dem engen Kirchengestühl noch zugewiesen und mir dabei ein Sterbebild vom Hans in die Hand gedrückt. Eine »Leich« oder Beerdigung gilt bei uns auf dem Land als besonders groß, wenn die Sterbebilder rasch vergriffen sind, und der besondere Beliebtheitsgrad des Verstorbenen wird spätestens dann offenbar, wenn bei der Leichenfrau noch recht viele Nachbestellungen eingehen. Auch vom Hans seinem Bild mußte eine zweite Auflage gedruckt werden.
Während der Ansprache des Pfarrers, der vor allem die tiefe Gläubigkeit des Hans und dessen Verdienste um die Gemeinde hervorhob, und während der Gesänge des Frauenbundchores

schielte ich verstohlen in meine Hand und betrachtete lange Hans' Konterfei. Trotz der traurigen Stimmung konnte ich mich eines leisen Lächelns nicht erwehren. Das Bild zeigte ihn in seinen besten Jahren, wie ich ich ihn nie gesehen hatte. Volle Backen, das noch füllige, kurze Haar sauber gescheitelt und den dunklen Schnurbart leicht hochgezwirbelt – so mochte der Hans früher auf den Fohlen- und Roßmärkten, in der Versteigerungshalle oder nach erfolgreichem Pferdehandel im »Stier von Pocking« auf die Damenwelt einen nachhaltigen Eindruck gemacht haben. Das Foto mußte die Druckerei dem alten Führerschein des Hans entnommen haben. Wann und wofür hätte sich Hans denn sonst in seinem Leben auch noch einmal fotografieren lassen sollen?

Als ich ihn kennenlernte, hatte er das siebente Lebensjahrzehnt bereits überschritten. Eines Tages stand er, beinahe den ganzen Türrahmen ausfüllend, vor mir in meinem Sprechzimmer. Daß dieser, in einen viel zu engen, grauen Trachtenanzug gezwängte Hühne etwas Besonderes sein mußte, erkannte ich schon daran, daß er unter Umgehung meines vollen Wartezimmers über den Flur direkt in mein Sprechzimmer kam und mich wie selbstverständlich mit einem »du, Dokter!« anredete. Besonders in Erinnerung habe ich noch, daß ihm ein leichter, durchaus nicht unangenehmer Geruch nach Pferdestall anhaftete. Sein grüner Velourshut, an dessen Band ich unter einem Bündel Erpelfedern das weiß-blaue Abzeichen des Bayerischen Jagdschutzverbandes zu erkennen glaubte, berührte den Türstock, obwohl sich Hans leicht gebeugt hindurchschob. Seine Wangen wirkten eingefallen, die faltigen, geröteten Unterlider und der graue, über die Oberlippe herunterhängende Schnurrbart verliehen ihm eher einen traurigen Gesichtsausdruck, was durch die großporige, fleischige Nase noch mehr unterstrichen wurde.

Der lange, feste, klammernde Druck seiner rauhen, beschwielten Hand verriet mir, daß sich Hans von mir Hilfe erhoffte und daß er mir Vertrauen entgegenbrachte. Hans hatte Schmerzen im Schultergelenk. Hilfesuchend, ja beinahe schon ein wenig verzweifelt, aber dennoch fordernd wandte er sich an mich:

»Du, Dokter, du mußt mir helfen. I kann meine Ross' nimmer derhalten!« Mit schmerzverzerrtem Gesicht demonstrierte er mir die starke Bewegungseinschränkung seiner rechten Schulter. Eine harmlose Sehnenreizung machte den bärenstarken Mann gegenüber seinen Rössern hilflos. Ein rasches Zupacken, ein Griff nach dem Halfter des sich aufbäumenden

Fohlens war ihm unmöglich geworden. Mit einer gezielten örtlich betäubenden Spritze in die Schulter machte ich den Hans innerhalb weniger Minuten schmerzfrei. Vorsichtig und fast ungläubig streckte er seine mächtige Pranke nach oben und strahlte mich aus seinen noch etwas feuchten Augen dankbar an. »Du bist ja a Wunderdokter! Endlich kann i meine Ross' wieder derglanga!«

Ich hatte nicht nur einem Patienten seine Schmerzen gelindert, sondern vor allem einem Rottaler Rosserer wieder die Kraft gegeben, seine Pferde zu führen. Von diesem Tag an hatte mich der Hans in sein Herz geschlossen.

Schon wenige Wochen später rief er mich an und lud mich ein, ihn auf seinem Einödhof zu besuchen. Ich solle aber doch unbedingt meine Flinte mitbringen, denn er hätte eine kleine Überraschung für mich.

Auf einem kleinen Flurbereinigunssträßlein, das sich einige Kilometer beinahe kerzengerade durch schier endlose Maisschläge zog, erreichte ich die Einöde, auf der der Hans seit dem Tod seiner Frau ganz alleine lebte. Wie eine Oase in einer unendlichen Maiswüste mutete der von saftig grünen Pferdekoppeln umgebene weiße Vierseithof an. Dieser Eindruck wurde noch unterstrichen durch den in der Mitte des Hofes gelegenen Feuerlöschteich, in dem sich die rötlichen Wolken des Abendhimmels spiegelten.

Eine sonderbare Stille lag über dem Hof. Kein Traktoren- oder Maschinenlärm, kein Dröhnen von Stallentlüftungsventilatoren. Nur das abwechselnde Schnauben der in der Nähe des Hofes grasenden Stuten war zu hören, bis mich Arco, der alte Kurzhaarrüde entdeckte. Mit heiserem Bellen kam der schon hochbetagte Hund etwas krummrückig mit steifen Läufen auf mich zu und bewindete mich argwöhnisch. Irgendwie erinnerte er mich mit seinem grauen Gesicht, seinen etwas vorquellenden, leicht trüben Lichtern und den etwas ungelenken Bewegungen an seinen Herrn, der, durch das Hundgebell auf mich aufmerksam geworden, nun die Hand zum Gruß erhebend aus dem nahen Roßstall eilig auf mich zukam.

»Arco, pfui«, fuhr Hans ihn an, »des is doch der Herr Dokta, der dei Herrle wieder gesund g'macht hat!« Es gefiel mir, wie der Hans mit seinem Hund redete. Arco schien seine Worte sofort verstanden zu haben und ließ sich von mir hinter seinen kaum behaarten Behängen kraulen. Freundlich geleiteten mich die beiden »alten Herren« ins Haus, dessen viele Räume früher eine stattliche Zahl von Mägden und Knechten beherbergt hatten. Nach dem Tod seiner Frau war Hans nun das einzige menschliche Lebewesen auf diesem Gut, dessen Felder seit einigen Jahren von einem Nachbarhof mitbewirtschaftet wurden.

Hans bewohnte eigentlich nur die großräumige Küche und das im ersten Stock gelegene Schlafzimmer. In den übrigen Kammern und Räumen lagerte Obst. Lediglich die gute Stube war noch eingerichtet, wobei aber das gesamte Mobilar zum Schutz vor Staub mit weißen Bettlaken abgedeckt war. Ein über dem Sofa hängendes mit Trauerflor versehenes Foto sah ich mir genauer an. »Mei Frau«, klärte mich der Hans auf, »des war mei Frau«, und ich erkannte auf seinem Gesicht einen etwas wehmütigen Ausdruck. Für wenige Augenblicke schien der Hans wie abwesend. Ich hatte verstanden und wandte mich schnell den im Flur hängenden Rehgwichteln zu, zwischen deren Stangen sich dunkel verstaubte Spinnweben spannten. Dem Hans war das gar nicht recht, daß ich alles so interessiert betrachtete. »Ich bin halt jetzt alloa. Nur oamal in der Woch kimmt a Weiberleit aus dem Dorf zum Putzen. An die Gwichtl lass i aber neamd net hi«, entschuldigte er sich für den Staub auf den Hirnschalen der Gehörne, hinter deren kunstvoll geschnitzten Brettchen zu Büscheln gebundene Erpelfedern steckten.

In der etwas nüchternen Küche, im Schein einer grellen Neonröhre, bemühte sich Hans mit seinen klobigen Fingern eine Flasche Sekt zu öffnen. Er hatte sie extra für meinen Besuch kalt gestellt. Mein Besuch schien für ihn eine ganz besondere Ehre zu sein. Mir war das unangenehm, daß er so viel Aufhebens um meine Person machte. Viel lieber hätte ich seinen selbstgemachten Apfelmost probiert und ein Stück Bauernbrot dazu gegessen. Nun prosteten wir uns mit einem widerlich süßen Sekt zu, und Hans animierte mich immer wieder, doch bei den Salzletten und den Erdnußflips nur kräftig zuzugreifen.

Während wir uns über die Jagd, Pferde und die Lage der Landwirtschaft unterhielten, lag Arco eingerollt auf dem etwas abgewetzten Kanapee und zog lang. Nur ab und zu, wenn eine der vielen Stubenfliegen ihm zu lästig wurde, schüttelte er seine Behänge. Je mehr sich draußen die Dämmerung bemerkbar machte, um so unruhiger wurde der Hans. Wiederholt schaute er aus dem Fenster und wiegte dabei unschlüssig den Kopf. »Glei is' soweit!«

Ich hatte noch immer nicht kapiert, was der Hans eigentlich vorhatte, bis er mich endlich aufklärte: »Trink aus und hol' dei Flint'n! Du wirst nun den besten Entenstrich vom ganzen Rottal erleben!« Entenstrich? Hier auf dem Hof? Wir waren hier mindestens zwei Kilometer von der Rott entfernt. Endlich begriff ich, worin die Überraschung bestand, die mir Hans versprochen hatte, – der Feuerlöschteich im Hof! Eine Hektik überkam nun die beiden alten Herren. Hans wühlte in der Küchenschublade nach Patronen, und Arco stand winselnd und mit der Rute wedelnd vor der Haustüre, bis wir endlich in den Hof traten. Ich wunderte mich noch, daß Hans selbst keine Flinte bei sich hatte, aber dann ging alles ganz schnell. Zuerst fielen die Kundschafter auf dem kleinen Teich ein, dann kamen die Enten, sich klar gegen den noch leicht rötlichen Abendhimmel abzeichnend, über die Pferdekoppel herangestrichen. Schof für Schof fielen die Enten mit klingendem Flügelschlag ein, und es mutete an, als brächten sie das Wasser des kleinen Teiches zum Kochen. Ich hatte so etwas noch nie gesehen. Immer noch mehr Enten kamen hinzu, während sich die zuerst angekommenen bereits aus dem Wasser bewegten, um sich an dem Weizen gütlich zu tun, den die Hühner und Tauben übrig gelassen hatten und dem offensichtlich die Enten des gesamten unteren Rottales nicht widerstehen konnten. Hans freute sich über mein erstauntes Gesicht. Er strahlte, und mit einem kräftigen Schlag auf meine Schulter zischte er mir zu: »Schiaß!«

Wohl war mir gar nicht dabei, aber ich wollte den alten Mann, der sich diebisch über seinen Entenstrich im Hof freute, nicht enttäuschen. Hubertus möge es mir verzeihen, aber mit einem Schuß ins aufgewühlte Wasser des Feuerlöschteiches hatte ich drei Erpel und eine Ente gemeuchelt. Arco stürzte sich wie ein junger in den Teich und apportierte sauber Ente für Ente, wobei ihn Hans mit seinem Hackelstock und Kommandos, die ich nicht verstand, einwies. Sie waren halt ein eingespieltes Team.

Fortan war ich jedes Jahr im Oktober beim Hans auf Enten eingeladen, und schon ab dem Frühsommer informierte er mich in meiner Sprechstunde darüber, was sich an seinem Entenwasser tat und mit wieviel Stück Enten er rechnete. Es war mir jedesmal ein besonderes Vergnügen, bei unseren gemeinsamen Entenjagden den Hans, einen echten Bauernjäger, zu beobachten. Jägerisch war er nur angezogen, wenn er in die Stadt oder in meine Sprechstunde kam. Auf der Jagd selbst bevorzugte er einen überdimensional großen, gelben Strohhut, ein weiß-blau gestreiftes kragenloses Leinenhemd und eine schwarze Weste, deren seidenes Rückenteil in der Sonne stahlblau schimmerte. Dazu trug er die Hose eines alten schwarzen Anzugs und knöchelhohe schwarze Schnürstiefel. Was hätte zu diesem Aufzug besser gepaßt als eine zwanziger Hahnflinte? Schon sein Vater hatte dieses museale Prachtstück geführt, und ich habe den Hans nicht ein einziges Mal damit vorbeischießen sehen. Seine Entenjagden waren ein reines Beutemachen, der Abschuß seiner gehegten und angekirrten Enten war nichts anderes als ein Ernten.

Daß der Hans aber durchaus ein tierlieber Mensch war, erkannte ich besonders an seinem Umgang mit Arco und den Pferden. Wie sehr er sich mit ihnen verstand und welch geradezu brüderliches Verhältnis er zu seinen Rössern hatte, durfte ich einmal an Weihnachten erleben.

Heiliger Abend. Endlich eine weiße Weihnacht im Rottal. Überall in den Vorgärten leuchteten die unzähligen Lichter der Christbäume unter den Schneehauben auf. Allmählich kehrte Ruhe in unserem hektischen Ort ein. Im ganzen Haus machte sich schon eine besonders festliche Stimmung breit. »Du mußt die Kinder ein wenig ablenken«, bat mich meine Frau, »damit ich das Weihnachtszimmer herrichten kann!« Gerne mache ich am Heiligen Abend nochmal eine Fahrt in mein Revier, um mich so richtig auf das Fest einzustimmen. Diesmal nahm ich unsere damals noch kleinen Kinder mit und zeigte ihnen den tief verschneiten Winterwald, die unter der Schneelast wie gebeugt dastehende Jagdhütte, und zum Abschluß unseres weihnachtlichen Ausflugs versprach ich ihnen eine echte Krippe zu zeigen. Die Freude und die Erwartung der Kinder war groß, wenngleich die älteste mich doch ungläubig ansah.

Auf dem Heimweg bog ich von der Straße ab und fuhr mit dem geländegängigen Fahrzeug querfeldein durch den tiefen Schnee zum Hof des Hans. Still, dunkel und verlassen lag die Einöde da. Sicher ist der Hans heute bei seinen Verwandten, dachte ich mir, doch da sah ich aus der halb offenen Tür des Roßstalles ein schwaches, gelbliches Licht schimmern. »Dort ist der Stall von Bethlehem«, flüsterte ich meinen Kindern zu, die sich mit ihren kleinen, behandschuhten Fäusten an mich klammerten. Leise überquerten wir den tief verschneiten Hof und gingen den zugefrorenen Feuerlöschteich entlang direkt auf die offene Türe zu. Der Hans mußte Besuch haben, denn Stimmen drangen aus dem nur leicht erhellten Stall nach draußen. Vielleicht ist der Tierarzt da, dachte ich mir, aber ich hatte in dem tiefen Schnee keine Autospur gesehen. Ohne die Türe weiter zu öffnen, zwängten wir uns in den warmen Stall, wo sich uns ein Bild bot, wie man es sich am Heiligen Abend nicht schöner wünschen kann: Das durch einen blauen, blechernen Schirm auf den Boden reflektierte Licht der schwachen Glühbirne beleuchtete eine wunderschöne Szene: Hans saß auf einem alten Sofa mitten unter seinen Pferden, wärmte sich seine klobigen Hände an einem henkellosen Becher mit dampfenden, heißen Most und redete mit seinen Tieren. Die Stuten und Jährlinge neigten sich neugierig über den Rand der Boxen zu ihm hinunter, zupften an seinen Haaren und am Kragen seines abgtragenen Wintermantels, aus dessen weiten Taschen er immer wieder ein Stück Zucker hervorzauberte. Genau konnte ich nicht verstehen, was er mit seinen Pferden sprach, aber ich glaubte ihre Namen zu hören, mit denen er sie immer wieder anredete. Meine Kinder habe ich in dem Glauben gelassen, daß er seinen Rössern die Weihnachtsgeschichte erzählt hat.

Im darauffolgenden Frühjahr benötigte der Hans wieder einmal meine ärztliche Hilfe. Er war so schwach, daß er sein Bett nicht verlassen konnte. Er bat um meinen Besuch. Wenige Wochen zuvor hatte ich Asta, meine junge Drahthaarhündin, gekauft, die ich, um sie noch enger an mich zu binden, nachmittags gerne im Auto zu meinen Krankenbesuchen mitnahm. Als ich den Hans, der mit einer schweren, fieberhaften Grippe fast apathisch im Bett lag, untersuchte und ihm dabei von meiner neuen Hündin erzählte, da kam ein Glanz in seine Augen, und mit heiserer Stimme bat er mich: »Hol dein' Hund auffa, den mog i sehn!« Ich tat das gerne und nicht ohne Stolz.

Nur mühsam konnte ich Asta bändigen, so ungestüm zog sie an der neuen Leine ins Haus, stürzte sich sofort spielerisch auf Arco, der sie aber kaum eines Blickes würdigte, und zielsicher führte sie mich in des Hansens Schlafgemach. Nie werde ich das freudige Lächeln und die zu neuem Leben erwachten müden Augen des alten Bauern vergessen, als Asta an seinem Bett hochsprang. »Ja du bist eine Brave«, lobte Hans die Asta immer wieder, und ehe ich reagieren konnte sprang die junge Hündin aufs Bett, versank beinahe in dem hochaufgeschüttelten Plumeau und leckte dem Hans quer über das Gesicht. Nur mühsam konnte ich sie zurückhalten, denn Hans umklammerte den jungen Hund, drückte ihn an sich und herzte ihn wie ein kleines Kind und sprach auf ihn ein, wobei er sich ausnahmsweise der hochdeutschen Sprache bediente, »Wenn du groß bist, mußt du uns die Enten apportieren!« Trotz meiner anfänglichen Bedenken erfreute ich mich an diesem Bild und hatte den Eindruck, daß es dem kranken Hans, auch ohne bittere Medizin, schon wieder viel besser ging. Tatsächlich war er auch nach wenigen Tagen schon wieder draußen bei seinen Pferden.

Im folgenden Sommer habe ich den Hans, glaube ich, noch zwei- oder dreimal gesehen. Einmal im Bierzelt bei der Fahnenweihe der freiwilligen Feuerwehr, und einmal begegnete er mir auf der Fahrt in mein Revier in seinem alten grünen Opel. Obwohl ich ihn anblinkte und ihm zuwinkte, hatte er mich nicht erkannt.

Es war ein kühler, sonniger Frühherbstmorgen, als mich Leute vom Nachbarhof anriefen. »Herr Doktor, kommen'S schnell, der Hans hat sich im Schlafzimmer eingesperrt und macht die Tür nicht auf!« Als ich wenige Minuten später dort ins Haus trat, hörte ich droben im ersten Stock schon kräftige Axtschläge und das Geräusch von splitterndem Holz. Die Nachbarn hatten die Tür zum Schlafzimmer eingeschlagen.

Leise trat ich mit klopfendem Herzen in den Raum. Friedlich lag der Hans in seinem Bett, sein Kopf war leicht zur Seite geneigt, die Augen geschlossen, der Mund nur leicht geöffnet. Der eigenartig gelöste Ausdruck in seinem leicht eingefallenen Gesicht ließ einen glauben, der Hans schliefe nur. Ein letztes Mal legte ich meine Hand auf seine kalte Stirn. Hans war für immer eingeschlafen.

Nach der Totenmesse bewegte sich ein farbenprächtiger Trauerzug in Richtung Friedhof, der auf einer kleinen Anhöhe am Rand des Dorfes lag. Die prächtig gestickten Fahnen des Kriegervereines, der Feuerwehr und das grüne Banner der Jägerschaft schwebten über dem endlos anmutenden Zug, und die bunten Ehrenbänder flatterten im aufkommenden Wind, der auch die Klänge des von einer vielköpfigen Blasmusik gespielten schwermütigen Trauermarsches weit in das Rottal hinaustrug. Auf dem Gottesacker ehrten die Jäger den Hans mit den Signalen »Jagd vorbei« und »Halali«, die Krieger erwiesen ihrem Freund mit dem Lied »Ich hatte einen Kameraden« die letzte Ehre, und als sich die Fahnen zum letzten Gruß senkten, zerrissen drei Böllerschüsse die Stille dieser andachtsvollen Stunde. Ich müßte lügen, wenn ich behaupten würde, ich hätte nicht mit den Tränen gekämpft, als man den Hans in die Grube senkte. Es schnürte mir die Kehle zu, und dagegen ankämpfend blickte ich nach oben in die Unendlichkeit des klaren Herbsthimmels. Und wieder überkam mich trotz der Trauer eine kleine, versöhnende Freude. Offenbar durch die Böllerschüsse waren irgendwo nahe beim Friedhof in einem Wassergraben liegende Enten hochgeworden, die sich nun genau über dem Friedhof zu einem großen Bogen ausholend in die Höhe schraubten, als ob sie sich vom Hans verabschieden wollten.

Lange habe ich die Richtung Osten wegstreichenden Enten mit meinen feuchten Augen verfolgt, und es schien mir, als seien sie drunten beim Hof des Hans wieder eingefallen.

Der »Jagdberater«

Die lange Zeit der Ungewißheit war endlich vorbei. In wie vielen schlaflosen Nächten mögen wohl meine Gedanken immer wieder um die 485 Hektar Staatsforst gekreist sein, die zur Verpachtung ausgeschrieben waren und die ich unbedingt haben wollte?

Wie in meiner Hosentasche kannte ich mich mittlerweile in diesem Waldrevier mit seinem anfangs schier unentwirrbaren Forstwegenetz aus, denn als Pachtinteressent hatte ich neben den Ausschreibungsunterlagen auch eine Revierkarte und einen Erlaubnisschein zum Befahren der Forststraßen bekommen.

Daß ich nicht der einzige Bewerber für diese von grünen Wiesentälern umgebene Waldinsel war, erkannte ich schnell, denn immer wieder begegneten mir bei meinen Erkundungsfahrten Fahrzeuge mit Kennzeichen aus den verschiedenen Nachbarlandkreisen. Ein »dicker« Mercedes ist mir besonders in Erinnerung. Am Steuer saß ein finster dreinschauender rotwangiger älterer Herr mit grünem Hut auf dem Kopf. Auf den Beifahrer- beziehungsweise den Rücksitz zwängten sich vier ebenfalls grün behutete korpulente Gestalten, die jedesmal, wenn der Wagen hielt und sich die Fenster automatisch senkten, ihre überdimensional anmutenden Ferngläser wie das Sehrohr eines Unterseebotes ausfuhren, um das Gelände abzuleuchten. Der Vergleich mit dem U-Boot kommt nicht von ungefähr, denn ich hatte den Eindruck, daß sie bei ihrer Reviererkundungsfahrt selbst nicht gesehen, geschweige denn erkannt werden wollten. So machte ich mir natürlich immer wieder meine Gedanken über den Kreis der Mitbewerber.

Von verschiedenen Seiten hörte ich die schaurigsten Geschichten. Ein Zahnärztekonsortium wolle mich überbieten, ein Apotheker hätte Interesse signalisiert, und auch ein Metzger würde alles daran setzen, um ja den Zuschlag zu erhalten. Sogar ein Rechtsanwalt aus der fernen Großstadt hätte Geschmacksfäden gezogen, als er die verlockend klingende Revierbeschreibung durcharbeitete. In Kenntnis der zahnärztlichen Gebührenordnung und der Handelsspanne bei Medikamenten und Schweinefleisch war ich beinahe versucht, die Flinte vorzeitig ins Korn zu werfen und meine Bewerbung zurückzuziehen. Und gegen einen Juristen anzutreten, der möglicherweise aufgrund seiner Kenntnisse und Vorlieben für Kleingedrucktes nachträglich einen Vertrag anfechten könnte, hatte ich keine Lust.

Mittlerweile war ich aber durch die vielen »Pirschgänge«, die ich als harmloser Spaziergänger getarnt an den Wochenenden durchführte, so sehr mit dem Revier vertraut, daß ich es unbedingt haben mußte, – koste es, was es wolle!

Am Tag der Gebotseröffnung war mir sehr mulmig zumute. Ich hatte noch etwas Zeit, machte, um meine Nerven etwas zu beruhigen, nochmal eine kurze Fahrt durch den Wald, den ich so sehr ersehnte, und hielt auf dem Rückweg bei der nahen Wallfahrtskirche. Die Figur des Heiligen Hubertus suchte ich in dieser in barockem Glanz erstrahlenden Kirche vergebens, aber vielleicht würde ja die Heilige Maria Mutter Gottes mein Anliegen an den »Sachbearbeiter für Jagdvergaben« weiterreichen, dachte ich mir, und zündete vor dem Marienaltar ein Opferlicht an.

Mit einem lauten Scheppern landete mein Markstück auf dem Boden der blechernen Opferbüchse, in die wahrscheinlich schon lange nichts mehr hineingeworfen worden war. Ich mußte unwillkürlich an die ständig leeren Kassen des Staates und an die roten Zahlen der Forstverwaltung denken, und wieder kamen mir Zweifel, ob man mein Gebot wohl akzeptieren oder ob man sich nur nach dem Höchstgebot richten würde.

Sicherlich war es nicht die eine Deutsche Mark und auch nicht das Opferlicht, sondern schon eher mein Vertrauen in den Heiligen Hubertus, was schließlich den für mich positiven Ausgang der Jagdvergabe bewirkt hat. Denn weder der Kollege von der Zahnfakultät noch der Apotheker hatten ein Angebot abgegeben, und auch der Metzger hatte sich kurzfristig in den örtlichen Golfclub einkaufen können und sah sich nun zeitlich nicht mehr in der Lage, ein eigenes Revier betreuen zu können. Der Rechtsanwalt hatte möglicherweise an diesem Tag einen wichtigen Gerichtstermin, oder vielleicht enthielt ihm der Vertrag zu viele juristisch nicht tragbare Ungereimtheiten – ich weiß es nicht. Jedenfalls ließ sich keiner von ihnen blicken.

Endlich hatte ich den langersehnten Kontrakt in der Tasche. Seit meiner Eheschließung habe ich keine Unterschrift mehr so genüßlich, so bejahend und schwungvoll hingedroschen wie unter diesen Pachtvertrag. Die ermahnenden Worte des Forstamtsleiters, bei der Jagd stets an das Wohl des Waldes zu denken, und sein besiegelnder Händedruck erinnerten mich schon sehr an die Zeremonie damals auf dem Standesamt. Sicherlich besiegelte ich mit meiner Unterschrift unter den Pachtvertrag nicht einen Bund für das ganze Leben, aber immerhin stand ich nun vor einem neuen Lebensabschnitt, den wir, das Revier und ich, gemeinsam verbringen wollten.

Sehnlichst erwartete ich den ersten April, an dem der Vertrag in Kraft treten sollte. Gleich im Morgengrauen dieses Tages machte ich meinen ersten bewaffneten Spaziergang und strahlte vor Glück. Herr im eigenen Revier, oh Menschenherz, was begehrst du mehr! Endlich eigenverantworlich handeln zu dürfen und niemandem mehr Rechenschaft ablegen zu müssen, ansitzen und pirschen zu können, wann immer man den Drang dazu verspürte, das war es, was mir ein besonderes Gefühl von Freiheit verlieh.

Jäh wurde ich aus meinen glücklichen Träumereien zurückgeholt, denn keine fünfzig Meter neben meinem Pirschsteig, mitten auf der allmählich ergrünenden Waldwiese, erblickte ich eine kleine, dunkle Gestalt, die sich tief nach vorne geneigt langsam fortbewegte, dabei immer wieder innehielt, wieder ein paar Schritte rückwärts ging, um sich dann in das nasse Gras zu knien und mit den Händen die noch kurzen Halme zur Seite zu biegen. Im Glas erkannte ich einen älteren, kleinen Mann in einem schäbigen braunen Mantel mit einem abgewetzten, unförmigen Hut, dessen breite Krempe keinen Blick in das Gesicht erlaubte. Einen Moment glaubte ich unter seinem Mantel den Lauf einer Büchse hervorstehen zu sehen. Ganz klar, ein Wilderer, der in diesem lange Zeit verwaisten Revier die Gunst der Stunde nutzte und hier nun offensichtlich den Anschuß eines gewilderten Stückes Rehwild untersuchte, schoß es mir durch den Kopf. Aber nein, wer wird denn so dreist sein, mitten am hellichten Tag und so nahe beim Bauernhof, verwarf ich diesen schrecklichen Gedanken sofort wieder und beobachtete im Fernglas das seltsame Treiben dieses kleinen Männchens. Jetzt drehte er sich zu mir her, und ich merkte, daß er mich gesehen hatte. Er richtete sich auf, stützte seine erdverschmierten Hände in die Hüften, neigte den Kopf leicht zu Seite und rief zu mir herüber: »Hei, du! Bist wohl der neue Jager?«

Und ohne meine Antwort abzuwarten, bewegte er sich etwas schwerfällig auf mich zu, wobei er sich mit der rechten Hand auf einen kleinen Spaten stützte, der anfangs durch den Mantel verdeckt war und den ich als übereifriger, frischgebackener Jagdpächter für eine Waffe gehalten hatte. Ich ging dem keuchend näherkommenden Alten ein Stück entgegen und reichte ihm zum Gruß die Hand.

»I hab schö g'hört, daß du die Jagd kriegt hast«, begrüßte er mich, und jetzt erkannte ich, daß aus seiner weiten Manteltasche Maulwurfsfallen hervorschauten.

»Bist wohl ein alter Fallensteller?« fragte ich erleichtert und freundlich die kleine Gestalt, die mir noch vor wenigen Minuten nicht ganz geheuer erschienen war.

Wie sich nun im Gespräch herausstellte, war er der alte Schurl, der Austragsbauer, das heißt der Bauer auf dem Altenteil des

nahen Gehöfts, zu dessen Grund nun auch eben diese Waldwiese gehörte, die offensichtlich in diesem Jahr ganz besonders stark von Maulwürfen heimgesucht wurde. Viel konnte der Alte auf dem Hof nicht mehr ausrichten, aber zum fängisch stellen und Kontrollieren der Fallen für die kleinen Wühler taugte er noch. Bedächtig schob er den verwitterten Hut aus dem Gesicht und wischte sich mit einem großen rotkarierten schmutzigen Taschentuch den Schweiß von der Stirn und aus dem Nacken. »Hab scho g'hört, daß'd a Dokta bist«, fuhr er fort, rückte dabei wieder seinen Hut zurecht und begann mit einem Taschenmesser die Erde unter seinen Fingernägeln hervorzupulen, denn mit den bloßen Händen, wie ein Maulwurf selbst, hatte er die unterirdischen Gänge freigelegt, um seine Drahtfallen darin zu plazieren. »Als Dokta bist'd sicher a ganz a Gscheider! Aber oans woaßt'd net«, versuchte er mich zu provozieren
»Du woaßt' nämli net, wo die Fuchsbau san. Aber I kunnt's dir zeig'n, wenn ...« Aha, das riecht nach einem Geschäft, dachte ich mir, und die Bauernschläue, die dem Alten förmlich aus dem Gesicht blitzte, war nicht zu übersehen. Er hielt kurz inne, blickte etwas verlegen auf seine Gummistiefel herunter und fuhr fort: »... wenn i di was frag'n darf.«
Was konnte er von mir wollen? Vielleicht eine im voraus zu entrichtende Wildschadenpauschale; oder hatte er bei meinem Vorpächter irgendwelche Privilegien genossen, die er nun weiter gewährt haben wollte? Soviel war mir klar: Er wollte mir die Fuchsbaue zeigen, aber nur wenn ich eine adäquate Gegenleistung bieten würde.
Wie er so in seinem alten Mantel und mit dem Schlapphut auf dem Kopf vor mir stand und mit halb geschlossenen Lidern jetzt zu mir hochblickte, beide Hände und das Kinn auf den Stiel des Spatens gestützt, da erinnerte er mich an eine geschnitzte Krippenfigur, an einen Hirten, der verwundert den Stern von Bethlehem erblickt.
Bevor er mit seinen Ausführungen begann, räusperte er sich und holte tief Luft.

»Du siehgst doch die Flurbereinigungsstraß' dort drüben. Die geht vo mein Hof pfeilgrad zum Kirner ummi. Dort machts nacha an Bogen und lauft dann wieder zum Stadl vom Holzner auffi, vorbei am Müllner, und nachand mündet's beim Herzner auf die Kreisstraß, ...«

Mit dem Spatenstiel deutete er mir dabei den Verlauf dieses Teerweges an und fuchtelte in alle Himmelsrichtungen wie ein Feldherr, der mitten in der Schlacht auf seinem Hügel steht und mit dem Säbel Kommandos erteilt. Ein anklagender Unterton war in seinen Ausführungen nicht zu überhören, die er endlich mit der Feststellung schloß: »Und des derf net sei!« Und um die Bedeutung dieses Satzes noch besser zu unterstreichen, wiederholte er in Schriftdeutsch: »Und das darf nicht sein!«

Es ging bei der ganzen Sache um einen uralten Streit mit der Flurbereinigungsbehörde, von der er sich übervorteilt, oder wie er sagte »ausgeschmiert« fühlte. Ich wußte noch immer nicht, was ich als neuer Jagdpächter mit dieser Sache zu tun haben sollte, bis er mich endlich bat, ich möge ihm doch einen entsprechenden Schriftsatz verfassen, denn für mich als »Advokat« wäre das doch keine große Schwierigkeit. Jetzt war mir endlich klar, wieso er ausgerechnet mich in dieser Angelegenheit in sein Vertrauen zog. Er glaubte, ich sei ein Doktor der Rechte, und hielt mich für jenen Rechtsanwalt, der sich ursprünglich auch für dieses Jagdrevier interessiert hatte.

So ein kostenloser Rechtsbeistand, bzw. ein juristischer Rat im Tausch gegen die Preisgabe der versteckt liegenden Fuchsbaue wären dem schlauen Schurl recht gelegen gekommen. Als ich seinen Irrtum aufklärte und ihm zu verstehen gab, daß ich kein Anwalt sondern Arzt sei, da schwenkte er, ohne auch nur eine Sekunde zu zögern, um und meinte: »Ja, so an Dokta kann ma immer amal braucha«, und schon berichtete er mir von seinen großen Schwierigkeiten beim Wasserlassen und daß sich nachts seine Blase fast stündlich melden würde. Dabei bediente er sich eines Vokabulars, welches ich dem geneigten Leser besser vorenthalten möchte.

Der Fall war klar: Der Schurl hatte sicherlich ein Prostataleiden. Eigentlich mag ich es nicht, wenn man auf der Jagd, wo man endlich Ablenkung und Entspannung zu finden hofft, mit medizinischen Problemen konfrontiert und aus seinen grünen Träumen gerissen wird, aber in diesem speziellen Falle hatte ich ein Nachsehen, denn der alte Schurl gehörte zu diesem Revier, war mit ihm untrennbar verbunden und somit ein Stück Jagd für mich.

Was mir weniger gefiel, war die Art, wie er über seinen Hausarzt sprach, der angeblich von der Behandlung derartiger Leiden keine Ahnung hatte und im übrigen schon alt und nicht mehr auf dem neuesten Stand sei.

Ich erlebe es immer wieder, daß es eine bestimmte Spezies von Patienten gibt, die glauben, sich bei einem Arzt besonders beliebt machen zu können, indem sie über andere Kollegen herziehen. Ich gebe nichts darauf, weil es so sicher ist wie das Amen in der Kirche, daß ich ihr nächstes Opfer bin. Ich ließ mir vom alten Schurl die Medikamente benennen, die ihm sein Hausarzt verordnet hatte, und er schien halbwegs beruhigt, als ich ihm versicherte, daß er die modernsten, besten und vor allem die teuersten Tabletten habe, die es für dieses Leiden gibt, und was ihn besonders zuversichtlich stimmte war meine Bemerkung, daß diese Medikamente alle aus Amerika kämen, wo man damit ganz besonders gute Erfolge erzielt hätte.

Wenn ich auch sonst bei solchen Patienten immer gerne die Lüge gebrauche, ich würde selbst diese Medikamente einnehmen – in diesem speziellen Falle einer Prostatamedizin konnte ich mich nicht dazu durchringen.

Meine medizinische Auskunft schien ihn zwar zu beruhigen, aber offensichtlich war sie ihm nicht soviel wert, daß er mir im Gegenzug die Fuchsbaue preisgegeben hätte, denn auf meine Frage, wo denn die Baue nun seien, fragte er forsch: »Was zahlst'd?« und machte dazu die allseits geläufige, reibende Bewegung mit Daumen und Zeigefinger. »Einen Kasten Bier kannst haben«, antwortete ich ihm belustigt und bereute noch im gleichen Moment meine Großzügigkeit, denn einmal verwöhnt, kommen solche Menschen bekanntlich immer wieder mit Neuigkeiten, Tips und Tricks, die sie bezahlt haben wollen.

»A paar guate Böck, wissert i no! Da kunnt ma amal drüber reden«, lautete sein neues Angebot, auf das ich nicht näher einging.

Früher oder später hätte ich die zwischen Felsbrocken und großen Steinplatten liegende weit verzweigte Bauanlage selbst entdeckt, aber nun war mir dieser Hinweis meines »Jagdberaters« einen Kasten Bier wert.

Schon wenige Wochen später rief er mich an und berichtete mir von einer Gruppe Jugendlicher, die am Waldrand ihr Zelt aufgeschlagen hätten und dort übernachten wollten. Gegen ein entsprechendes Entgeld würde er dort ein Faß Odel (Jauche) ablassen und die ganze »Bande« verstänkern und verscheuchen.

Er wußte nicht, daß es sich um eine Jugendgruppe der Deutschen Waldjugend handelte, denen ich selbst, nach Rücksprache mit dem Forstamt, diesen Platz zugewiesen hatte. Ich war als Schüler selbst Mitglied dieser pfadfinderähnlichen Organisation und erinnere mich noch gerne an diese Exkursionen und an das Biwakieren in der freien Natur. Deshalb wußte ich nur zu gut, wie schwer es auch damals schon war, außerhalb eines Campingplatzes als »Zeltler« geduldet zu werden.

»Ja wenn das so is! Mir soll's recht sein«, lautete seine kleinlaute Antwort.

Nicht viel später begegnete ich ihm wieder draußen auf den Wiesen, und er erzählte mir wieder eine ganz wundersame Geschichte, die mich doch hellhörig werden ließ. Angeblich hatte er vor einigen Jahren beim »Heign«, das heißt beim Heumachen, am Himmel einen Feuerball gesehen, der angeblich immer näher gekommen und dann funkensprühend direkt über ihm zersprungen sei.

»Schurl, jetzt tragst'd aber dick auf«, ermahnte ich ihn, aber da wurde er richtig grantig.

»Du hast ja keine Ahnung – des war a Meteorit! Der Lehrer hat's mir bestätigt! Und wennst'd as net glaubst, dann zeig ich dir die Trümmer, die ich g'funden hab.«
Und als er sah, daß ich nicht uninteressiert war, kam wieder seine obligatorische Frage: »Was zahlst'd?«
Ohne meine Reaktion auf sein Angebot abzuwarten, führte er mich hinüber zu einem Maisacker, wo er zwischen den Pflanzenreihen zu wühlen anfing und mir dann tatsächlich mehrere walnuß- bis hühnereigroße schlackenartige Gebilde präsentierte. Ich wußte nichts damit anzufangen, aber wenn der Herr Lehrer einen Meteoriteneinschlag bestätigt hatte, dann wird es wohl einer gewesen sein.
Obwohl ich außer dem Kasten Bier dem Schurl eigentlich nie etwas für seine Beratung oder für seine nie angeforderte Hilfe bezahlt habe, versuchte er immer wieder, sich unentbehrlich zu machen, um mich um ein paar Mark zu erleichtern. Er wußte, daß der von mir entrichtete Pachtschilling damals relativ hoch war, und er glaubte, ein solcher Narr, der so viel Geld für die Jagd ausgibt, würde für jede Kleinigkeit entsprechend löhnen.
Als das alles nichts fruchtete, kam ihm ein Fuchs zu Hilfe, der ihm, ich habe es nie nachgeprüft, in einer Nacht angeblich fünf Hennen gestohlen haben soll. Komisch, daß es die Füchse immer gerade auf die Hennen abgesehen haben, die angeblich die meisten Eier legen. So hatte auch dieser Fuchs ausgerechnet Schurls beste Eierlieferanten an sein Geheck verfüttert.
»Um die andern wars ja net schad gwes'n«, jammerte er, »aber pfeilgrad die Fünfe muaß er mir holn, der Lump, der miserablige!«
Es war müßig, ihm zu erklären, daß er mich dafür nicht wildschadenersatzpflichtig machen könnte, und ich gab ihm ein paar Scheine. Ich verband dies aber mit der Auflage, daß er mir im Herbst eine Fuhre Mist zwischen Waldrand und Hof abladen müsse, denn ich wollte mir dort einen Luderplatz einrichten.

Ich mußte den Schurl zwar später noch einmal daran erinnern, aber schließlich tat er es gerne, weil diese Maßnahme ja gegen die Füchse gerichtet war.

Obwohl ich den Misthaufen nicht regelmäßig mit Aufbrüchen beschicken konnte, schien er von den Füchsen doch recht gerne angelaufen zu werden. An den trichterförmig in den Misthaufen hineingegrabenen Löchern war zu erkennen, daß sich Reineke mehrfach Zugang zu den tief im Mist lagernden Köstlichkeiten verschaffen wollte. Mist besteht ja nicht nur aus Stroh und dem Dung der Rinder. Es findet sich manchmal auch eine mumifizierte Maus darin, die während der Ernte in die Strohpresse geraten war. Leckerbissen sind sicherlich auch die Nachgeburten, die oftmals der Tierarzt nach der Geburt eines Kalbes manuell lösen muß und die er dann mitsamt seinem ellenlangen Einmalhandschuh aus Plastik in die Streu fallen läßt. Während meines landwirtschaftlichen Praktikums als Veterinärmedizinstudent habe ich das oft gesehen und einige Male auch selbst durchführen dürfen. Immer wenn ich im Frühjahr an einer Wiese vorbeikomme, auf der im Winter Mist gestreut wurde, dann sehe ich die im Wind über die Wiesen dahinschwebenden, trockenen Plastikhandschuhe und denke jedesmal dankbar an den Veterinärkollegen, der mir damals eindringlich und rechtzeitig geraten hatte, die Fakultät zu wechseln.

Zurück zu meinem Luderplatz. Ich hatte fast den Verdacht, daß der Schurl selbst hin und wieder irgendwelche Köderbrocken in diesen Haufen einbrachte. Mein Verdacht bestätigte sich, als ich bei einem Kontrollgang fein säuberlich abgenagte Kotelettknochen und vertrocknete, wie Schillerlocken aufgerollte Speckschwarten fand.

Im Januar fiel endlich der ersehnte Schnee. Der Mond war nur als schmale, abnehmende Sichel zu erkennen, aber die Sterne leuchteten am dunkelblauen Firmament und sorgten in Verbindung mit dem Schnee für ein ausreichendes, dezentes Büchsenlicht. Es herrschten ideale Bedingungen für einen Nachtansitz am Luderplatz.

Über diese Jagdart habe ich viel gelesen und viel gehört, und jeder hat da seine eigenen Tricks und seine eigene Taktik. Da gibt es Spezialisten, die nach unzähligen Kontrollgängen und durch wohldosiertes Vorsetzen von Köderbrocken in der Lage sind, auf ein paar Minuten genau zu sagen, wann der Fuchs kommt. Ein ganz lieber Freund von mir, ein alter Jäger aus dem Chiemgau, der machte sich einen Spaß daraus, den Fuchs mittels zu ganz bestimmter Zeit ausgebrachter Leckerbissen abzurichten wie einen Hund. Nach wenigen Tagen wußte er also genau, wann mit dem Erscheinen des Fuchses zu rechnen sei. Also packte er sich in den Ansitzsack und erwartete mit schußbereiter Flinte den Fuchs, den er nun schon seit mehreren Wochen durchgefüttert hatte. Als der Fuchs nun wie erwartet erschien, da brachte mein lieber Freund es nicht fertig, ihn zu schießen.

»Woaßt'd, jetzt hab ich ihn solang g'fuadert, und da hat er mi direkt derbarmt«, erzählte er mir an einem Abend, an dem wir uns darüber unterhielten, ob Tiere eine Seele haben oder nicht.

Ich wußte wohl, daß mein Luderplatz, der nur etwa hundert Meter vom Hof des Schurl entfernt lag, von Füchsen angenommen wurde, aber an welchen Tagen oder gar zu welcher Stunde, das wußte ich nicht. Es war mir auch gleichgültig, denn in meinem Beruf hatte ich mich daran gewöhnt, nicht dann zum Nachtansitz gehen zu können, wenn es der Fuchs vorschreibt, sondern erst dann, wenn es die Patienten erlauben. So hält sich auch meine nächtliche Winterfuchsstrecke in Grenzen.

Nun saß ich also warm eingepackt auf dem offenen Hochsitz, der sich am Waldrand gut getarnt unter die weit ausladenden Äste der Fichten schmiegte. Meinen Wagen hatte ich nicht wie sonst in der Nähe des Bauernhofes, sondern weit drinnen im Forst abgestellt, denn hätte der Schurl von meiner Aktion gewußt, dann hätte er trotz der Dunkelheit sicherlich ständig mit seinem alten Fernglas am Fenster gestanden, um nach mir zu spähen.

Still und dunkel lag der Bauernhof vor mir. Der Schurl, sein Sohn und die Schwiegertochter schliefen schon. Eine dünne weißliche Rauchsäule stieg aus dem Kamin beinahe kerzengerade nach oben in den frostigen, klaren Nachthimmel. Sicherlich hatte man vor dem Zubettgehen nochmal ein paar Fichtenscheiter in den Herd geschoben. Aus dem gegenüber dem Wohnhaus liegenden langgestreckten Stallgebäude hörte man vereinzelt ein Schnauben und manchmal auch ein Husten der Stiere, und ich erschrak anfangs noch über das metallische Knallen, wenn wieder einmal ein Stier mit seinen Hörnern gegen das Freßgitter dotzte. Der Fuchs wird sich hoffentlich an diese nächtliche Geräuschkulisse schon gewöhnt haben, dachte ich mir.

Weißlicher Dampf drang aus einem leicht geöffneten Stallfenster. Es zog an, aber ich war warm eingepackt, und die beißende, trockene Kälte konnte mir nichts anhaben.

Für mich ist das Schönste bei so einem Nachtansitz, daß man seinen Gedanken nachhängen kann. Man erinnert sich an Erlebnisse, an Dinge, an Menschen, die mit dieser momentanen Situation überhaupt nichts zu tun haben müssen.

An diesem Abend riefen der Wärme ausstrahlende Kuhstall und der leichte, für mich recht angenehme Duft nach Heu, Stroh und Kuhmist in mir Erinnerungen an meine lange zurückliegende Wehrdienstzeit wach.

Während eines Manövers hatte ich einmal mit meiner Gruppe eine ähnlich frostige Januarnacht in einem schwäbischen Kuhstall nicht verbringen müssen, sondern verbringen dürfen! Wie froh waren wir damals über diese Unterkunft. Einer der Vorgesetzten hatte wohl nachträglich etwas Bedenken gegen diese Bleibe angemeldet, aber mein Hinweis, daß ganz andere Menschen in einem Stall bei Ochs und Esel Quartier gefunden hätten, entwaffnete ihn auf der Stelle.

Das weit entfernte Schrecken eines Rehs ließ mich plötzlich wieder ganz bei der Sache sein. Was störte denn die Geiß um diese Zeit? Vielleicht war es der Jagdnachbar, der möglicherweise auch draußen war und nun laut polternd seinen kasten-

artigen Hochsitz verließ? Wenig später sah ich über den schwarzen Wipfeln des gegenüberliegenden Waldrandes für kurze Zeit den Lichtkegel eines Autos aufleuchten. Er mußte, oder besser gesagt, er konnte es also gewesen sein. Wie die Sinne doch nachts geschärft sind, aber wie leicht interpretiert man sich auch nur etwas zusammen aus dem, was man gesehen und gehört hat.

Als nun aber im Schlafzimmer des alten Schurl plötzlich das Licht anging und einen breit streuenden Lichtkegel auf den verschneiten Innehof warf, da bedurfte es keiner besonderen Kombinationsgabe um zu ergründen, was das wohl zu bedeuten hatte. Die Blase des alten Schurl hatte sich wieder einmal gemeldet! Ich gebe es zu – natürlich habe ich mit dem Zeiss-Glas zum Fenster hinübergeschaut und belustigt den Schurl beobachtet, wie er sich in einem weißen Nachthemd um das Nachtgeschirr bückte.

Es dauerte lange, bis das Licht wieder ausging; er hatte ja ein Prostataleiden!

Nach etwa einer Stunde wieder das gleiche Spiel. Licht an – verräterischer Lichtkegel auf dem Innenhof – Licht aus.

Das kann ja heiter werden, dachte ich mir, wenn der zu jeder vollen Stunde ..., da vernahm ich plötzlich hinter mir das unverwechselbare Trippeln eines heranschnürenden Fuchses. Den Puls jagte es mir in die Höhe, ich getraute mich nicht zu rühren. Plötzlich wieder Stille und dann lange, lange nichts. Die Rauchsäule über dem Dach des Schurlhofes stand nicht mehr kerzengerade im Nachthimmel. Ein leichter Ostwind war aufgekommen und hatte dem Fuchs eine Prise meiner Witterung zugetragen.

Zufrieden fuhr ich nach Hause in dieser Nacht, denn endlich wußte ich, wann der Fuchs kommt und daß ich höchstens eine knappe Stunde zur Verfügung haben würde, um ihn zu erlegen.

Ich will es kurz machen: Während jenes Winters hatte ich keine Gelegenheit mehr, mich am Luderplatz anzusetzen. Aufkommender Föhn hatte den Schnee rasch wegschmelzen lassen, und als endlich wieder eine Neue kam, war die Ranz in vollem Gange, und da verbrachte ich so manche Abendstunde am Fuchsbau, für dessen Preisgabe mir der Schurl damals einen Kasten Bier abgenommen hatte.

Mehrfach sah ich Rüden und Fähe im blauen Dämmerlicht aus dem Bau fahren, und voller Spannung und Erwartung hörte ich ihr heiseres Bellen, einmal näherkommend, dann wieder sich entfernend. Am Morgen im besten Büchsenlicht sah ich zweimal den Fuchs schon von weitem zwischen den

Brombeerstauden heranschnüren, glaubte ihn schon sicher jeden Moment im Hagel meiner Schrote in sich zusammensinken zu sehen, da fegte er die letzten dreißig Schritte so schnell heran und verschwand so blitzartig in der rettenden Röhre, daß ich beide Male keinen Schuß anbringen konnte.

In der Folgezeit mied ich den Schurl zwar nicht, aber ich suchte auch nicht bewußt seine Nähe, denn irgendwie war es mir peinlich, ihm keinen Fuchs vorweisen zu können. So sah ich ihn erst wieder im folgenden Herbst. Ich traf ihn nicht im Wald und auch nicht auf dem Feld, sondern im nahen Kreiskrankenhaus, als ich dort abends einen Fortbildungsvortrag besuchen wollte. Da nämlich schlich er in einem weißen, nur hinten zu schließenden Patientennachthemd und in seinen Filzpantoffeln armselig den Flur entlang. Mit der rechten Hand stütze er sich auf das an der Wand angebrachte Geländer und in der Linken trug er vorsichtig wie einen Aktenkoffer einen prallgefüllten Urinauffangbeutel. Jämmerlich, blaß und eingefallen sah der alte Bauer aus. Man hatte ihn wenige Tage zuvor an der Prostata operiert.

Ich wollte ihn gerade ansprechen, da eilte die Stationsschwester aus dem Dienstzimmer auf ihn zu, packte ihn etwas forsch am Arm und geleitete ihn wieder zurück, an mir vorbei. Für einen kurzen Moment begegneten sich unsere Blicke, aber ich spürte, daß er mich nicht mehr erkannte. Und als die Schwester zu ihm in einem etwas barschen Ton sagte: »Nein, nein, jetzt gehn wir nicht heim, jetzt gehen wir wieder ins Bett«, da war mir klar, daß er unter geistiger Verwirrung litt.

Ich habe mir lange Vorwürfe gemacht, daß ich ihn damals nicht angesprochen hatte, denn wenige Wochen danach las ich seine Todesanzeige. Er hatte Prostatakrebs gehabt.

Rosis großer Tag

Zum erstenmal begegnete ich Rosi auf dem Friedhof, als wir die sterbliche Hülle des alten Rottaler Landarztes überführten, den ich während seiner langen Krankheit vertreten und dessen Praxis ich später übernommen hatte. Rosi war ein niederbayerisches Original. Sie war klein von Statur, schob einen dicken Bauch vor sich her, und ihre vor dunkelblauen Krampfadern strotzenden Unterschenkel waren besonders im Sommer so stark gestaut, daß sich über den engen Ringelsöckchen dicke Wülste bildeten.
Seit dem Tod ihres Mannes, der, wie sie mir immer wieder theatralisch berichtete, an einer Staublunge elendiglich zu Grunde gegangen war, fand man sie jeden Tag auf dem Friedhof, wo sie nicht nur das Grab ihres Mannes pflegte, sondern auch die letzten Ruhestätten ihrer Nachbarn von Unkraut und verdorrten Blumen befreite. Der Friedhof war praktisch ihr Garten, in dem sie werkeln und ihrem Hobby, dem »Garteln«, nachgehen konnte. Auf einer der vielen Ruhebänke machte sie es sich nachmittags gemütlich, aß aus dem Papier ihren mitgebrachten Kuchen und trank dazu Kaffee aus der Thermoskanne. Nichts entging während dieses Friedhof-Picknicks ihren flinken, wachsamen Augen, zwischen denen eine kleine, rote Stupsnase hervorstach. Niemand gelangte von ihr ungesehen auf den Friedhof, und für jeden, der an ihr vorbeikam oder zwangsläufig vorbeikommen mußte, hatte sie ein freundliches Wort. Meist hielt sie sich wegen der besseren Überschaubarkeit in der Nähe des Einganges auf, und immer wenn das schmiedeeiserne Tor quietschend aufging, setzte sie die heiße Tasse ab, um die Eintretenden zu begrüßen. Ich hatte sie dabei des öfteren beobachtet, und irgendwie erinnerte sie

mich, wenn sie so dasaß – man möge mir diesen Vergleich angesichts des weihevollen Ortes nachsehen –, an eine Toilettenfrau. So war der Friedhof für sie nicht nur ein Ort der Entspannung und Erbauung, sondern zugleich Umschlagplatz für die neuesten Nachrichten. Hier erfuhr sie jede Neuigkeit, und das ziemlich schnell, und sie war stets bemüht, die neueste Neuigkeit auch auf dem schnellsten Weg weiterzutragen. Sie war, bei allem Respekt vor ihrer liebenswürdigen Art, eine »alte Ratschn«.

Vom Tod des alten Landarztes hatte Rosi dennoch erst erfahren, als man dessen Leichnam in dem großen schwarzen Mercedes mit den aufgemalten gekreuzten Palmzweigen auf den Friedhof brachte, wo sie gerade dabei war, die ihr anvertrauten Gräber zu gießen. Es war ein schwüler Sommernachmittag, und sie hatte schon ziemlich Wasser geschleppt. Müde blickte sie vom Wassergrant auf, als der Leichenwagen vorfuhr.
»Wer is denn g'storbn?« fragte sie bestürzt. Bestürzt war sie nicht etwa wegen des Ablebens eines Mitmenschen ihrer Pfarrgemeinde, sondern weil sie, die sie sonst alles sehr früh mitbekam, hier offenbar ein Informationsdefizit hatte.
Als sie erfuhr, daß es sich bei dem Dahingeschiedenen um ihren alten Hausarzt handelte, erstarrte sie für kurze Zeit, dann riß sie den Mund auf und fing an laut und beinahe hysterisch zu schreien: »Mei Dokter, mei Dokter, oh Gott, oh Gott mei Dokter!«
Und mitsamt der Gießkanne stürzte sie auf das neben dem Wassergrant liegende Grab und rang nach Luft. Sie hyperventilierte, schluchzte und krampfte. Das Ganze spielte sich hinter einer Thujenhecke ab, und ich hätte es gar nicht mitbekommen, hätte mich nicht die Leichenfrau darauf aufmerksam gemacht. Ich verließ die Trauerversammlung, rannte zu meinem Wagen und holte meinen Arztkoffer. Trotz einer Beruhigungsspritze, die ich der auf dem Grab liegenden Alten gab, wollte sie nicht aufhören zu lamentieren und zu klagen.
»Jetzt hab ich keinen Dokter mehr! Ja, was tua i denn, jetzt hab ich keinen Dokter mehr!« jammerte Rosi, die ich mit Mühe zu einer Bank im Schatten der alten Thujenhecke geleitete.
Dort eröffnete ich ihr, daß ich der »Neue« sei, der nun nicht nur die Praxis des alten Landarztes, sondern auch sie als treue Patientin übernehmen würde. Dies Versprechen zeigte endlich Wirkung. Rosi wurde zusehends ruhiger und sogar sehr rasch wieder zuversichtlich. Schnell fand sie sich mit dem Tod des alten Arztes ab und meinte dann, sich eine letzte Träne aus

dem Auge wischend: »Ja mei, alt war er ja scho ... und eigentlich is für eam a Erlösung!« Dann stand sie auf und wackelte auf leicht unsicheren Beinen nach Hause, nicht ohne vorher noch im Leichenhaus Abschied von ihrem alten Doktor genommen zu haben.

Schon am nächsten Tag fand sie sich in meiner Praxis ein, und fortan kam sie jede Woche freitags zwischen zehn und elf Uhr zur Behandlung. Wie ich der alten Patientenkartei entnehmen konnte, war Freitag schon immer Rosis Doktor-Tag. Da sie aber ihre Gunst und ihre Zuneigung gerecht zwischen mir und meiner Frau, mit der ich eine Praxis-Gemeinschaft habe, aufteilen wollte, besuchte sie zuerst das Sprechzimmer meiner Frau, und dann klopfte sie noch bei mir an.

Sie kam mit einer solchen Regelmäßigkeit, daß wir uns ernsthaft Sorgen machten, wenn sie einmal freitags nicht erschien. Meist war dann eine Beerdigung, der sie unbedingt beiwohnen mußte, denn eine Beisetzung in unserem Ort ohne Rosi war so selten wie ein Volksfest ohne Musik.

Ihre Herzschwäche, ihr Blutdruck und ihre leicht erhöhten Blutzuckerwerte waren gut eingestellt, und eigentlich kam sie nur in die Praxis, um sich ihre Medikamente nachverordnen zu lassen und sich ein wenig mit uns zu unterhalten. Heute weiß ich, daß ihr diese Gespräche mit uns und diese wenigen Minuten, die wir ihr von unserer Zeit opferten, mehr wert waren und ihr auch mehr nutzten als so manche Tablette.

Jedesmal verließ sie unsere Praxis mit den Worten: »Herr Dokter, Frau Dokter, mei, wenn i eahna net hätt'!« Auf dem Friedhof machte sie ungeniert für uns Reklame. »Geh doch amal zum Mangold!« forderte sie die trauernden Witwen auf, deren Vertrauen zu ihrem eigenen Hausarzt nach dem Ableben des Gatten naturgemäß meist leicht erschüttert war. Mir war das immer höchst unangenehm, wenn Rosi mir wieder jemand schickte, den sie am Friedhof von meiner Heilkunst überzeugt hatte. Trotzdem mußte ich mich Rosi gegenüber natürlich erkenntlich zeigen. Ich tat dies an Weihnachten, denn da hatte sie Geburtstag. Über viele, viele Jahre war es eine liebe

Gewohnheit, am Heiligen Abend bei Rosi vor der Christmette einen Rehbraten abzugeben. Mit feuchten Augen nahm sie jedesmal das mit einem frischen Fichtenbruch geschmückte tiefgefrorene Päckchen in Empfang, drückte fest meine Hand und schaute dankbar zu mir empor. Zum Glück war sie recht klein, denn sonst hätte es durchaus passieren können, daß sie mich vor lauter Dank auch noch abgeküsst hätte. Jedesmal sagte sie dann: »Mei, Herr Dokter, halten'S mich fei gesund, daß ich noch recht lang auf mein Friedhof gehen kann. Wenn ich nicht mehr auf den Friedhof zu meine Gräber kann, dann möcht ich nimmer leben!« Ich mußte ihr versprechen, immer für sie da zu sein, dann bat sie mich zu warten, weil sie auch für mich an jedem vierundzwanzigsten Dezember ein Geschenk vorbereitet hatte, das sie unter den Wäschestücken ihres Schlafzimmerschrankes hervorholte.

Sie schenkte immer mit Überlegung, und jedes Geschenk von ihr hatte einen Bezug zu meiner großen Passion – der Jagd. Einmal überraschte sie mich mit selbstgestrickten grünen Socken, die ich wirklich gut gebrauchen konnte, dann glaubte sie mich mit einem Hund aus Plastik erfreuen zu können, der in seinem Inneren eine Birne montiert hatte und wohl als Fernsehleuchte gedacht war. Ein andermal bestellte sie für mich über einen Versandhandel einen Salz- und Pfefferstreuer mit Jagddekor in einem Hirschhorngestell. Glücklicherweise war es unwahrscheinlich, daß Rosi jemals in unsere Wohnung kommen würde, denn sonst hätten wir wohl diese gutgemeinten Gaben tatsächlich aufstellen müssen. So aber wanderten sie in einen großen Karton mit der Aufschrift: »Von Rosi«.

Mein ohnehin schon gutes Verhältnis zu Rosi verbesserte sich noch, als ich in den Stadtrat gewählt und als Mitglied des Kulturausschusses für den Friedhof zuständig wurde. Nun besuchte mich Rosi noch öfter in der Sprechstunde. Ich bekam einen regelmäßigen Bericht über vernachlässigte Gräber, schadhafte Grabsteine, Verbißschäden an den Grabpflanzen durch die Wildkaninchen und über sonstige Beobachtungen, die Rosi während ihrer Gräbergänge machte.

Einmal, wenige Tage vor Allerheiligen, ließ mich Rosi rufen. Ich müsse einen Hausbesuch machen, denn tags zuvor sei ihr auf dem Friedhof schwindelig geworden und man habe sie heimweisen müssen. Rosi hatte seit vielen Jahren eine Herzschwäche und ein Asthmaleiden. Nun hatte sich beides doch erheblich verschlechtert. Ich durfte Rosi aber nur besuchen, wenn ich ihr versprach, sie nicht ins Krankenhaus einzuweisen. Es gehe ihr ja schon wieder gut, meinte sie, als ich bei ihr vorbeischaute. Die Spritzen brachten, wie so oft, sofortige Linderung. Rosi dankte von Herzen: »Mei, Herr Dokter, Frau Dokter, wenn i eahna net hätt'!« Immer bezog sie bei dieser Floskel anerkennend meine Frau mit ein. Rosi mobilisierte alle ihre Selbstheilungskräfte, denn sie fieberte Allerheiligen entgegen, dem Tag, an dem sie die ihr anvertrauten Ruhestätten im schönsten Schmuck präsentieren wollte.

Tagelang harkte und jätete sie die Gräber, wusch die schwarzen marmornen Gedenksteine und -tafeln mit Schmierseife und heißem Wasser, das sie von ihrer ein paar hundert Meter vom Friedhof entfernten Wohnung heranschleppte. Mit einem trockenen Tuch polierte sie die Grabmäler, bis sie sich glücklich und zufrieden darin spiegeln konnte. Mit ihrer Grabpflege setzte sie Maßstäbe und spornte so manche Hinterbliebene an, es ihr gleich zu tun. Im Friedhofsausschuß registrierten wir das mit großer Genugtuung, und ich ließ sie das auch wissen, denn unsere Sitzungen waren ja öffentlich.

Einen Tag vor Allerheiligen riefen mich die Nachbarn zur Rosi. Sie liege vor dem Bett und schnaufe nicht mehr. Als ich wenige Minuten später in ihrer kleinen Schlafkammer stand, bot sich mir ein trauriges Bild. Rosi lag zwischen dem Nachtkastel und der Bettstatt hingestreckt, den Kopf an der Wand leicht abgestützt, die Arme vom Oberkörper abgespreizt, die Handflächen nach oben gerichtet, als ob sie sagen wollte: »Schau her, jetzt hats mi derwischt!«

Rosi war schon kalt und steif und sicher schon einige Stunden tot. Ich bedeckte sie mit einem Leintuch und versprach den

Nachbarn, am Nachmittag zur zweiten Leichenschau wiederzukommen.

Entgegen der sonstigen Gewohnheiten wurde Rosis Leichnam – wieso und warum weiß ich heute noch nicht – schon vor der zweiten Leichenschau ins Leichenhaus gebracht. Das Bestattungsunternehmen ließ mir ausrichten, ich möge doch bitte ausnahmsweise diese Untersuchung auf dem Friedhof vornehmen.

Als ich am Nachmittag dort ankam, war kein Parkplatz zu finden. Wegen des bevorstehenden Allerheiligentages war alles auf den Beinen, um die Gräber herzurichten. Anni, die Leichenfrau, erwartete mich schon. Zu ihr hatte ich auch immer ein sehr gutes Verhältnis. Sie versorgte mich am Palmsonntag regelmäßig mit geweihten Palmzweigen und am Dreikönigstag mit Weihrauch und Weihwasser und malte mit Kreide auf alle unsere Haustüren ihr kunstvolles C+M+B mit der dazugehörigen Jahreszahl. Im Gegenzug bekam sie dafür von mir Zigaretten, denn sie war eine starke Raucherin, und ich hatte die Aussichtslosigkeit eingesehen, ihr dieses Laster abzugewöhnen. Sie versprach mir aber fest, niemandem zu erzählen, woher sie die Zigaretten habe, und darauf konnte ich mich verlassen. Eine Tages bot sie mir einmal das Du an, und ich nahm es gerne an. Seitdem durfte ich sie Anni nennen und sie »Jürg« zu mir sagen, wodurch die trockene Zeremonie einer Leichenschau, der sie meistens beiwohnte, entkrampft wurde. An jenem Tag vor Allerheiligen hätte sie mich mit dem Auto direkt in den Friedhof fahren lassen, aber ich nahm mit dem stets freigehaltenen Parkplatz des Herrn Pfarrer vorlieb. Auf dem Friedhof herrschte reges Treiben. Ganze Scharen von Menschen mit Hacken, Rechen, Töpfen, Schalen und Blumentöpfen schoben sich durch das kleine Portal an der Aussegnungshalle vorbei. Dort war gerade ein Sargträger dabei, Rosis sterbliche Hülle aus der Kühlung auf den Vorplatz der kleinen Kapelle zu schieben. Anni, die Leichenfrau, sah mir wohl an, daß ich diesen Platz für die letzte ärztliche Handlung nicht unbedingt als geeignet erachtete.

»Ja, wo soll mers denn hinfahrn? Wo willst du's denn haben?« fragte sie gereizt, denn sie sah nicht so ganz die Notwendigkeit einer zweiten Leichenschau, die für sie mit Arbeit verbunden war. Mittlerweile hatte sich schon eine große Schar von neugierigen Friedhofsbesuchern vor der Aussegnungshalle versammelt, und eh ich noch recht überlegte, hatte Anni schon die großflügeligen bronzenen Schrauben des Sargdeckels gelöst und mit Hilfe des alten Rentners, der sich als Sargträger ein Zubrot verdiente, den schweren eichenen Deckel gelüftet.

Da lag sie nun die Rosi, vor, wohlgemerkt »vor« der Aussegnungshalle, auf »ihrem« Friedhof, und angesichts der vielen Schaulustigen glaubte ich ein leichtes Lächeln auf ihren erkalteten Lippen zu erkennen.

Es mußte wohl so sein, daß ich Rosis Leichenschau im Freien machte und noch dazu einen Tag vor Allerheiligen, wo alle da waren, die sie vom Friehof her kannten und mit denen sie täglich auf dem Gottesacker im langen Ratsch und Tratsch beieinandergestanden hatte. – Ja mei Herr Dokter, Frau Dokter, wenn i eahna net hätt' – dachte ich bei mir, und ich war überzeugt, daß alles im Sinne der lieben Rosi geschah.

»Bist fertig!« weckte mich Anni, die Leichenfrau, aus meiner stillen Andacht, die eigentlich eine Leichenschau sein sollte. Ich nickte nur still, streifte mir die Gummihandschuhe von den Händen und strich der Rosi noch einmal über ihre kalten Wangen.

»Rosi ... schlaf guat«, sagte die Anni, und während wir den Deckel wieder zuschraubten, löste sich auch die Schar der Neugierigen auf.

Dort, wo ich Rosi zum erstenmal begegnet war, hatte ich mich auch für immer von ihr verabschiedet. Ich werde sie wohl kaum jemals vergessen. Denn wenigstens einmal im Jahr denke ich an sie, wenn ich vor Weihnachten das Küchenreh zerwirke, von dem sie immer eine kleine Portion abbekam.

Das Gelübde
vom Böckler Karl

Die Positionslichter am Hubschrauberlandeplatz waren bereits eingeschaltet und entwickelten eine so starke Hitze, daß die Schneehauben auf ihren Glaskuppeln wegschmolzen. Ein kalter, eisiger Ostwind drohte das eben freigeschaufelte kleine Rondell wieder zuzuwehen.
Vor wenigen Minuten hatte ich in der Unfallambulanz über den Piepser die Order bekommen, unverzüglich zum Landeplatz zu eilen, denn jeden Moment mußte hier »Christoph fünfzehn« landen, jener wendige kleine rote Rettungshubschrauber, der die niederbayerische Klinik, an der ich meine unfallchirugische Assistentenzeit absolvierte, oft mehrmals in der Woche mit schwerverletzten Patienten anflog.
Obwohl ich nur mit einer dünnen weißen Klinikhose und einem weißen Kittel bekleidet war, spürte ich die Kälte kaum, die langsam an mir emporkroch. Zu stark ist in solchen Situationen, die in ihrer Tragweite noch nicht abzuschätzen sind, die Anspannung und die Nervosität. Die Hände werden feucht, der Mund ist trocken, der Puls beschleunigt. Was oder wen wird der Helikopter bringen? Einen Mann, eine Frau oder gar ein Kind? Und dann ist da immer die Angst des jungen Arztes, auch wirklich alles richtig zu machen.
Die beiden Ambulanzpfleger, zwei erfahrene altgediente Rettungsassistenten, warteten mit ihrer Trage hinter der großen Glastüre im warmen Klinikflur, und fast ein wenig mitleidig lächelnd versuchten sie mich in das warme Gebäude zurückzuwinken. Mit dem Zeigefinger auf seine Uhr klopfend und mit drei gespreizten Fingern gab mir einer der beiden zu verstehen, daß die Landung erst in drei Minuten erfolgen würde. Sicherlich war es meine Unsicherheit, aber auch

meine Ungeduld, die mich bewogen, den Hubschrauber mit seiner ärmlichen Fracht draußen auf dem Platz zu erwarten. Angestrengt, die Augenlider nur einen Spalt geöffnet, suchte ich die tief verschneiten Höhen des Bayerischen Waldes ab, über deren Baumwipfel jeden Moment der Hubschrauber sichtbar werden mußte.

Wie ich so ganz in weiß gekleidet im Schnee stand, mußte ich trotz der angespannten Situation unwillkürlich an das vergangene dienstfreie Wochenende denken, als ich mit dem Schneehemd getarnt und eins geworden mit der tief verschneiten Umgebung versucht hatte, den Fuchs mit der Hasenklage zu betören. Nur einen roten Wischer hatte ich von Reineke gesehen, der sich gut gedeckt, jede Unebenheit des Geländes ausnützend, an mich herangeschlichen hatte, dann Wind bekam und sich empfahl.

Da plötzlich – ein kleiner, rasch an Größe zunehmender dunkler Punkt am Horizont, dann das vertraute Dröhnen der Turbine und das schrappende Geräusch der Rotorblätter. Einer roten Libelle gleich, schwebte der Helikopter in einem weiten Bogen um das Krankenhaus und setzte dann, eine mächtige Schneewolke emporwirbelnd, nur wenige Meter von mir entfernt ganz behutsam auf. Geduckt rannten wir mit der Trage unter den noch laufenden Rotoren hindurch zur Maschine und halfen den Piloten, die schwere Schiebetüre zu öffnen. Laut schreiend gegen den Rotorenlärm ankämpfend, unterrichtete mich der Copilot über den Zustand des Patienten. Es handelte sich um einen vierunddreißigjährigen, im Moment kreislaufstabilen und bewußtseinsklaren Mann mit schwersten Quetschverletzungen im Beckenbereich. Sein Name: Karl Böckler. Er war als Fahrer eines Langholzfuhrwerkes beim Ankuppeln zwischen Zugmaschine und Anhänger geraten. Böckler stammte aus einem kleinen, nur aus vier oder fünf Häusern bestehenden Dorf nahe der tschechischen Grenze im unteren Bayerischen Wald. Den Unterhalt für seine kleine Familie, zu der neben seiner jungen Frau und zwei noch nicht schulpflichtigen Buben auch seine Eltern zählten, bestritt der junge Mann seit wenigen Wochen als Fahrer eines Langholztransporters. Seinen alten Job als Fernfahrer, der ihn durch ganz Deutschland geführt und ihn zu einer sogenannten Wochenendehe gezwungen hatte, hatte er trotz des guten Verdienstes aufgeben müssen. Seine Eltern waren pflegebedürftig geworden, und seine Frau schaffte das alles alleine nicht mehr. Sie war auf seine tatkräftige Unterstützung auch unter der Woche angewiesen.

Hatten seine noch unzureichende Fahrpraxis mit dem neuen Gefährt oder tückische Eisplatten unter dem beinahe meterhohen Neuschnee zu jenem verhängnisvollen Unfall geführt? Lange beschäftigte diese Frage den zuverlässigen und gewissenhaften Böckler, der all die Jahre als Trucker unfallfrei gefahren war. Immer wieder fing er davon an, wenn ich Nachtdienst hatte und mich abends für eine kleine Unterhaltung auf seiner Bettkante niederließ.

An jenem verhängnisvollen Morgen hatte er den Auftrag, an einem Holzlagerplatz im Lusengebiet mit dem fahrzeugintegrierten hydraulischen Greifarm eine Ladung Langholz aufzulegen, um sie dann zu einer Sägemühle in der Nähe von Freyung zu transportieren.

Wegen der Neuschneemassen kam er auf der Forststraße nur langsam voran. Er hatte keinen Blick für die schöne glitzernd weiße Pracht, für die wie Fabelwesen anmutenden tief verschneiten Fichten, die seinen Weg säumten. Nur die alte Frau nahm er wahr, die offensichtlich ganz alleine in dem einsamen kleinen Walmdachhaus wohnte, das, unter einer hohen Schneehaube mit der Umgebung verschmelzend, unmittelbar neben der Forststraße lag. Sie war gerade dabei, Brennholz aus dem nahen Schuppen zu holen. Den holzbeladenen Weidenkorb in den Händen haltend, nickte sie ihm freundlich zu, ehe sie wieder in ihrer Behausung verschwand. Ihr schwarzer Mischlingshund verfolgte Böcklers Gefährt und sprang bellend neben der Zugmaschine her. Immer wieder versuchte er, entweder aus reinem Spieltrieb, oder in der Maschine einen Feind vermutend, in den vorderen Reifen zu beißen. Im Rückspiegel erkannte Böckler, daß der Hund nach wenigen Metern das Spiel aufgegeben hatte und schwanzwedelnd schnell zum Haus zurücklief, in dessen Tür die alte Frau noch einmal aufgetaucht war und mit fuchtelnden Armbewegungen den Hund zurücklockte. Wie bescheiden und gefährlich diese Frau in dieser Schnee-Einsamkeit lebt, dachte sich Böckler noch. Die Forststraße wurde nie geräumt, und ihm war auch auf dem fünf Kilometer langen Weg vom Dorf bis hierher keine Telefon- oder gar eine Stromleitung aufgefallen. Vielleicht hatte sie ihm deshalb so freundlich zugenickt, weil er mit seinem Fuhrwerk wenigstens einen kleinen Pfad freigepflügt hatte.

Nach wenigen hundert Metern erreichte Böckler den Holzlagerplatz, wo sich meterhoch die langen Stämme über hundert Jahre alter Baumriesen türmten. Böckler war zwar selbst kein Jäger, begleitete aber oft seinen Schwager, der eine kleine Eigenjagd besaß, die sich wie ein kleiner Keil zwischen zwei Staatsjagdreviere schob. Hier durfte er, wenn auch nicht ganz rechtens, die Schwanenhälse und die Eiabzugseisen fängisch stellen und kontrollieren. Kein Wunder also, daß ihm an diesem Morgen sofort die frische Marderspur auffiel, die sich unter einem der schneebeckten Stämme verlor. Allzugerne hätte er den kleinen Räuber rausgeklopft. Irgendwann wird er schon springen, dachte sich Böckler, wenn der hydraulische Greifarm nun Stamm für Stamm hochhievt.

Böckler bereitete es einige Schwierigkeiten, den Sattelzug auf dem engen, abschüssigen Platz zu wenden. Es blieb ihm nichts anders übrig, als den Aufleger abzukuppeln, um dann scharf einschlagend noch einmal rückwärts zu rangieren. Als er den Hänger wieder ankuppeln wollte, passierte es. Auf den unter der Neuschneedecke verborgenen Eisplatten kam die Zugmaschine plötzlich ins Rutschen. Alles ging so blitzschnell. Böckler hatte keine Chance. Mit voller Wucht drückte ihn die schwere Maschine gegen den Aufleger und klemmte ihn ein. Einen Schmerz hatte er anfangs nicht verspürt, wie er mir später erzählte, aber seine Beine seien wie tot gewesen. In Gesäß und Rücken machte sich ein warmes Gefühl breit, und als sich

der Schnee dunkelrot färbte, wußte Böckler, daß es die Wärme seines Blutes war.

Er war zunächst unfähig zu schreien. Vergeblich versuchte er, mit der Kraft seiner Arme das schwere Gefährt wegzudrücken. Vergeblich! Panische Angst, Todesangst kam in ihm auf, und dann schrie er und schrie er, aber wer sollte seine Hilferufe denn hören, die schon nach wenigen Metern vom tief verschneiten Wald gedämpft und schließlich völlig verschluckt wurden.

Er muß wohl immer wieder für kurze Zeit in eine tiefe Bewußtlosigkeit gefallen sein, denn er verlor jeden Zeitbegriff. Er wußte nicht mehr, wie lange er schon hilflos zwischen den Eisenteilen wie in einem Schraubstock eingeklemmt war.

Die vielen Füchse und Marder kamen ihm in den Sinn, die er an frostigen Wintermorgen aus den Eisen geholt hatte. Mußten sie auch so qualvoll leiden wie er? Ist das jetzt etwa die Strafe dafür, daß er unschuldige Kreaturen mit der Falle getötet hatte?

Er hatte bereits mit seinem Leben abgeschlossen, dachte an seine Familie. Was für ein Leid wird auf sie zukommen, wenn man ihn irgendwann hier leblos wie einen Fuchs im Eisen auffindet. Ein beinahe unerträglicher Schmerz breitete sich allmählich vom Gesäß in beide Beine aus. Soviel wußte er nun, daß er nicht querschnittgelähmt sein konnte.

Unter den Gestank von Wagenschmiere und Dieselöl mischte sich plötzlich der Geruch von warmem harzigem Holzrauch. Holzknechte, ja Holzknechte, die hier irgendwo ein Feuer machen! Aber nein, er hatte ja beim Herfahren keine Spuren gesehen. Da fiel ihm die alte Frau drunten im Walmdachhaus wieder ein. Richtig! Der leichte, aufkommende Wind hatte den Rauch ihres Herdfeuers nach hier oben getragen. Ein kleiner Funke Hoffnung kam in Böckler auf, und als er nun, wenn auch gedämpft und leise, aber doch deutlich das heisere Bellen des schwarzen Mischlingshundes hörte, da nahm er seine letzten Kräfte zusammen und schrie immer wieder: »Hallo, hallo ... Hiiilfe, Hiiiilfe!«

Zuerst sah er in die gelben Augen des schwarzen Hundes, dann erkannte er die blaue Schürze der alten Frau aus dem Walmdachhaus, die sich über ihn beugte.

»Maria und Josef, hab koa Angst! I bin glei wieder da!« beruhigte die Frau den Schwerverletzten, und so schnell sie konnte stürmte sie gefolgt von ihrem Hund davon.

Böckler schöpfte neue Hoffnung. Jetzt konnte ja noch alles gut werden.

Nach etwa zwanzig Minuten, die Böckler wie Stunden vorkamen, kehrte die Frau zurück, hatte aber, wie sich dann herausstellte, nicht die Rettung verständigt – wie sollte sie auch, ohne Strom und Telefon –, sondern ihre Bibel geholt, um den zweifellos dem Tod geweihten Böckler mit Psalmen Trost zu spenden.

»Der Herr ist mein Hirte, mir wird nichts mangeln, er weidet mich auf einer grünen Au und führet mich zu frischem Wasser ...«

Immer wieder unterbrach sie das Gebet und blickte sorgenvoll auf das blasse Antlitz des Eingeklemmten.

»... und muß ich auch wandern im finsteren Tal, so fürchte ich kein Unheil ... denn du bist bei mir, dein Stock und dein Stab geben mir Zuversicht ...«

Immer wieder aufs Neue wiederholte sie den dreiundzwanzigsten Psalm, dann begann sie einen Rosenkranz zu beten und strich dabei mit ihrer vor Kälte bläulich verfärbten schwieligen Hand Böckler tröstend über den Kopf. Er hielt seine Augen fest geschlossen und mußte bei der Alten den Eindruck erweckt haben, er sei seinen schweren Verletzungen schon erlegen, denn mit zitternden Fingern drängte sie vorsichtig Böcklers Augenlider auseinander, um dann erleichtert festzustellen, daß der Glanz in seinen Augen noch nicht erloschen war.

Böckler mußte sich wohl über drei Stunden in dieser verzweifelten Lage befunden haben, als ihn endlich Forstarbeiter, die mit einem schweren Rückegerät rein zufällig des Weges kamen, befreien konnten. Mit einer schweren Seilwinde lösten sie die Zugmaschine Millimeter für Millimeter aus der Ver-

keilung, bis sie endlich den Schwerverletzten behutsam auf einen alten, dicken Wintermantel legen konnten.
Das Aufheulen des Motors, der die Seilwinde antrieb, hörte Böckler noch, dann verlor er das Bewußtsein. Auf die mit Fichtenreiser gepolsterte kleine Ladefläche des Schleppers gebettet, brachte man ihn ins nahe Dorf, wo er wenig später vom Rettungshubschrauber aufgenommen und bereits vor dem Start erstversorgt wurde, so daß er mit halbwegs stabilen Kreislaufverhältnissen, ansprechbar und orientiert, von uns im Laufschritt in den Schockraum gebracht werden konnte.
Frische Fichtennadeln klebten an seiner blutdurchtränkten olivgrünen Bundeswehrhose. Ein Geruch nach Dieselöl und Harz haftete an ihm. Ich fragte ihn nach seinem Namen. »Karl!« gab er mir deutlich verstehbar zur Antwort, und das nahm ich als Aufforderung, ihn bei seinem Vornamen zu nennen und ihn zu duzen. Im Schockraum erkannten wir das Ausmaß seiner schweren Verletzungen: Beide Gesäßhälften waren durch die starken Scherkräfte in ihrem oberen Anteil vom Becken losgelöst und unter Zerreißung größerer Blutgefäße nach unten geschoben worden. Die Ischiasnerven blieben dabei glücklicherweise unverletzt. Die notfallmäßig durchgeführte Röntgenaufnahme zeigte einen Mehrfachbruch des Beckens. Karl hatte viel Blut verloren und Erfrierungen ersten bis zweiten Grades an Händen und Füßen erlitten. Bei der Probepunktion des Bauchraumes fand sich Blut, was den Verdacht auf einen Milzriß erhärtete.
Jetzt mußte alles schnell gehen. Die Anästhesisten bemühten sich um die Verbesserung der Kreislaufverhältnisse, bereiteten eine Bluttransfusion vor, legten ihre Katheter und klebten ihre Elektroden für das Elektrokardiogramm.
Immer wieder versuchte ich, Karl mit einem Gespräch abzulenken. In solchen Situationen ist es oft gar nicht einfach, den richtigen Ton zu finden. Mit so gebräuchlichen unverbindlichen Floskeln wie »Na, das wird schon wieder!« oder einem im Brustton der Überzeugung verkündeten »Na, das kriegen wir schon hin!« ist es nicht getan. Aus den Drehbüchern der

auf allen Fernsehkanälen immer weiter gesponnenen und allseits beliebten Arztserien sind diese hohlen Sätze kaum wegzudenken. Meist werden derartige, einseitige Dialoge dann beendet mit folgendem Satz, der dem Patienten suggerieren soll, daß schon alles überstanden ist: »Sie« oder häufiger noch im berühmt-berüchtigten Ärzteplural: »Wir brauchen jetzt viel Ruhe!« Ich versuchte Karl zu beruhigen, indem ich ihn über seine Familie und seinen Beruf befragte. Er erzählte mir von seinen Buben, deren Namen mir heute nicht mehr in Erinnerung sind, dann von seiner Frau und wo und bei welcher Gelegenheit er sie kennengelernt hatte.

Merkwürdig gelöst wirkte er plötzlich, und auch die Aufklärung über die Art der Verletzungen und die Ankündigung der sofortigen Operation schienen ihn eher zu erleichtern als zu beängstigen. Ich begleitet den Karl noch bis an die Schleuse zum Operationssaal und übergab ihn dort dem Chefarzt, der die Revision des Bauchraumes und die Versorgung der schweren Weichteil- und Beckenverletzungen vornehmen sollte.

Ich erklärte dem Chefarzt, der die noch unsterile, dunkelgrüne Operationskleidung trug, die Vorgeschichte und die erhobenen Befunde. Ruhig und besonnen und immer wieder mit dem Kopf nickend nahm er alles zur Kenntnis, wobei er seine bereits steril gewaschenen Hände zur Wahrung der Asepsis vom Körper weg in Augenhöhe hielt. Den Karl mag er dabei an seinen Dorfgeistlichen erinnert haben, wie er den Segen spendet. Wenn der Vergleich auch hinkt – segensreich vermögen beide zu wirken – der Geistliche und der Arzt.

Als der Chefarzt hörte, daß es sich bei Karl um einen Patienten aus dem unteren Bayerischen Wald handelte, da versprach er ihm mit einem schelmischen Augenzwinkern, daß er sich mit ihm besonders viel Mühe geben wolle, denn auch er sei im »Wald« aufgewachsen, und die Waldler müßten doch schließlich zusammenhalten.

Der Chefarzt, dem ich fachlich und menschlich viel für meine Laufbahn als Arzt verdanke, war ein Hühne von Mann, dem man den begnadeten Unfallchirurgen auf den ersten Blick nicht ansah. Man konnte sich ihn auf einem Traktor ebensogut vorstellen wie im Führerhaus eines Mehrtonners. Wenn er morgens in seiner schwarzen Lederjacke auf seinem schweren Motorrad zum Dienst fuhr, dann wirkte er eher wie ein Arbeiter aus dem Donauhafen als wie ein Chirurg, der wieder ein mehrstündiges Operationsprogramm zu absolvieren hatte. Wie so viele Mediziner war auch er ein besonders musischer Mensch. Neben seiner großen Liebe zu allem, was mit PS-starken Motoren zu tun hat, war er besonders der klassischen Musik zugetan. Von Bruckner bis Beethoven besaß er alle Symphonien auf Schallplatte, aber nicht nur in einer Ausgabe, sondern jede Menge Einspielungen verschiedener Dirigenten. Mich faszinierte dabei immer wieder, wie er an der Interpretation sofort erkannte, welcher Dirigent hier den Stab führte. Die unverfälschte niederbayerische Volksmusik liebte er deswegen nicht minder, und was das Essen und Trinken anbelangte, so traf auf ihn das geflügelte Wort zu, nie ein Kostverächter gewesen zu sein.

Das Vertrauen und die Herzen der Patienten gewann er durch seine unkomplizierte, kameradschaftliche Art im Handumdrehen. Auch Karl faßte sofort zu ihm Vertrauen und winkte ihn zu sich herunter. Nie werde ich die Worte vergessen, mit denen der Böckler Karl geradezu beschwörend auf auf den Chefarzt einsprach: »Herr Dokter, wenn S' mi wieder herrichten, nachand dürfen'S im Sommer bei meinem Schwager an Bock schiaßn!«

Ich weiß nicht, was ihn dazu bewog anzunehmen, der Chefarzt sei Jäger. War es dessen waldlerische Herkunft, die ihm das glauben machte, oder nahm er an, wer Chefarzt ist, der geht auch auf die Jagd? Nein, ich glaube vielmehr, daß diese ausgesprochene Einladung dem tiefen Wunsche entsprang, dem Menschen, von dem er sich Rettung erhoffte, etwas ganz Besonderes zu schenken, etwas Einmaliges, etwas Kostbares. Und was hatte er Wertvolleres zu bieten als einen Rehbock? Eine Jagdeinladung muß von Herzen kommen, muß auch von Herzen angenommen werden und muß mit dem Blickkontakt und einem festen Händedruck zwischen Einladendem und Jagdgast erfolgen, schreibt der von mir sehr geschätze Schriftsteller Erwin Felsmann. Obgleich in diesem Falle aus Gründen der Sterilität ein Händedruck nicht erfolgen konnte und zudem der Eingeladene gar keinen Jagdschein besaß, war es die ehrlichste und aus tiefstem Herzen kommende Jagdeinladung, an die ich mich erinnern kann, obgleich sie mit der Bedingung verknüpft war, daß wir Karl wieder »herrichten« würden.

Eigentlich mag ich es nicht, wenn man Geschenke oder besondere Aufmerksamkeiten in Aussicht stellt und daran Bedingungen knüpft nach dem Motto: Wenn, ... dann! Mir wurde dies einmal besonders bewußt bei einem Jagdgast, der dem Revierjäger vor der Pirsch ein nagelneues Spektiv unter die Nase hielt mit den Worten: »Wenn wir einen Gams kriegen, dann bekommst du dieses Spektiv!« Der eingeladene Gast kam leider nicht zu Schuß, obwohl sich der Pirschführer ehrlich bemühte, wie er es ohnehin immer tat, auch wenn man ihm vorher nicht einen so wohlriechenden »Braten« unter die Nase hielt. Der Gast fuhr mit dem Spektiv wieder nach Hause. Wahrscheinlich brauchte er es noch für weitere Bestechungsversuche in anderen Revieren. Der Pirschführer war, wie er mir damals erzählte, zu Recht enttäuscht. Nicht weil er das Spektiv gern gehabt hätte, sondern weil da ein Gast war, der ihm Bestechlichkeit unterstellte.

Im Falle des von Karl in Aussicht gestellten Rehbockabschusses war das ganz anders. Hier war die ausgesprochene Einladung keine Verlockung, um den Arzt zu einer besonderen Leistung zu animieren, sondern ein Art Gelübde.

Karl bekräftigte die Einladung noch, indem er versprach, einen passablen Bock auszumachen, wenn notwendig einen neuen Hochsitz zu errichten und dann auch anschließend im Dorfwirtshaus für das Tottrinken des Bockes alles zu organisieren.

Ungeachtet der strafenden Blicke der Operationsschwester, die ungeduldig die Augenbrauen nach oben ziehend aus dem hell und kalt erleuchteten Operationssaal zu uns herübersah, bedankte sich der Chefarzt bei Karl mit den Worten: »Die Einladung kann ich nur zum Teil annehmen. Ich werde den Bock essen, ... aber schiaß'n muß'n er!«

Dabei deutete er mit seinem Daumen auf mich. Es war sicherlich eine besondere Portion Galgenhumor dabei, wie wir da an der Schleuse herzlich lachten, aber ich bin sicher, daß der Karl anschließend ohne Furcht in dem hellgrün gefliesten OP angekommen und zuversichtlich in die Narkose hinübergedämmert ist.

Während sie den Karl operierten, mußte ich mich weiter um die schon ungeduldig wartenden Patienten in der Ambulanz kümmern. Die Landung des Rettungshubschraubers hatte den ganzen Betrieb aufgehalten. Ich hatte einige kleine Schnittverletzungen zu nähen und einen gebrochenen Unterarm einzurichten und zu gipsen, war aber in Gedanken ganz bei Böckler. Und dies nicht nur wegen des in Aussicht gestellten Rehbockes. Nein, es war etwas anderes, was mich bewog, diesem Patienten meine besondere Zuneigung zu schenken. Es war seine ehrliche, unbeholfene Art sich erkenntlich zu zeigen, die mich berührte.

Ich sah den Karl erst am nächsten Morgen bei der Chefarztvisite auf der Intensivstation wieder. Der Verdacht auf einen Milzriß hatte sich nicht bestätigt, die Mehrfachbrüche des Beckens hatten sich ohne Schwierigkeiten mit Platten und Schrauben stabilisieren lassen. Probleme bereiteten die starken Weichteilverletzungen am Gesäß, die es erforderlich machten, daß man den Patienten auf dem Bauch lagern und ihn für einige Tage in ein künstliches Koma, in einen narkotischen Schlaf versetzen mußte.

Als wir Assistenten, die Oberärzte, die Schwestern und der Chefarzt im Halbkreis um Böcklers Bett standen und den aktuellen Befundbericht des diensthabenden Arztes angehört hatten, da konnte sich, außer mir natürlich, keiner einen Reim auf die Frage des Chefarztes machen:

»Ab wann gehn denn die Böcke auf?«

»Am sechzehnten Mai, Herr Chefarzt!« antwortete ich ihm.
»Na gut, dann ham wir ja noch etwas Zeit!« tröstete er mich, um dann, als er schon vor dem Bett des nächsten Patienten stand, drohend hinzuzufügen.
»Aber wehe, Sie treffen ihn nicht!«
Allmählich sickerte im Krankenhaus gerüchteweise durch, daß ich für den Chef einen Rehbock schießen müßte. Ich gebe es ja gerne zu, für einen kleinen Assistenten ein ehrenvoller Auftrag!
Böcklers Zustand stabilisierte sich zusehends, und bald konnte Karl auf eine Normalstation verlegt werden, wo ich ihn beinahe täglich besuchte, um mit ihm insbesondere über Marder, Füchse, Rehböcke und Hirsche zu reden. Ich war erstaunt über das Fachwissen des Waldlers, der nie eine Jägerprüfung abgelegt, ja nicht einmal einen Vorbereitungslehrgang für dieses grüne Examen besucht hatte.
Eines Abends, als ich wieder einmal zum Nachtdienst eingeteilt war und in meinem Arztzimmer längst überfällige Entlassungsbriefe diktierte, polterte Karl mit seinem Gehwagen zur Türe herein. Seit einigen Tagen schaffte er es schon, den langen Flur mit seiner Gehhilfe entlangzuschieben, und er war überglücklich, wenigstens wieder einen kleinen Teil seiner Bewegungsfreiheit zurückerhalten zu haben – und das mußte doch gefeiert werden! Aus der weiten Tasche seines Bademantels zog er verschmitzt eine kleine, braune Steingutflasche mit Bärwurz, jener Bayerwäldler Schnapsspezialität, an die ich mich wegen ihres rassen Geschmackes auch nach Jahren nie gewöhnen konnte. »Hoßt 'd zwoa Glasl da?«
»Aber Karl, ich darf doch im Dienst keinen Alkohol trinken, ... und außerdem, wenn uns die Stationsschwester erwischt!«
Das war natürlich eine billige, wenngleich willkommene Ausrede, denn ich konnte mit dem im Volksmund nicht zu unrecht »Bayerwald-Diesel« Genannten nichts anfangen. Das tat Karls guter Laune aber keinen Abbruch, und genüßlich wischte er sich mit dem Handrücken über den Mund, nachdem er einen kräftigen Schluck aus der Steingutflasche

genommen hatte. Ein wenig trieb ihm das scharfe Zeug das Wasser schon in die Augen, aus denen er mich eigentümlich verklärt anschaute. »Jetzt sog i dir was, aber des bleibt unter uns!«

Und ohne eine Reaktion von mir abzuwarten, fuhr er mit leiser, heiserer Stimme fort: »Die guaten Böck, die mei Schwager auf der Trophäenschau g'habt hat, ... was glaubst' denn, wer die wohl derschossen hat?«

Ich wußte natürlich sofort Bescheid, spielte aber den Nichtsahnenden und fragte neugierig: »Ja wer denn?«.

Noch weiter beugte sich Karl zu mir herunter, schaute vorsichtig einmal nach links und nach rechts, und ohne ein Wort zu sagen, klopfte er sich mit der Faust dreimal gegen seine Brust.

»So, jetzt woaßt' as!«

Jetzt war mir natürlich die Sache ganz klar. Karl war sozusagen ein »Schwarzfahrer« in jagdlicher Hinsicht, der jährlich von seinem Schwager als Entlohnung für seine Arbeitsleistungen im Revier einen Bock frei bekam. Ich muß eingestehen, daß auch ich meine ersten Böcke ohne Jagdschein erlegt habe, zwar unter Aufsicht und Führung meines Lehrprinzen, aber eben ohne behördliche Legitimation. Viele Böcke habe ich später als stolzer Jagdscheininhaber erbeutet, aber keiner hat mir mehr Freude bereitet als eben diese ersten »Schwarzgeschossenen«.

In diesem Jahr wollte Karl nun mir, beziehungsweise dem Chefarzt seinen »Deputatbock« abtreten. So war die Einladung auf den Bock ein Geschenk, das wirklich von Herzen kam, denn ich konnte mir vorstellen, daß er ihn wirklich sehr gerne selbst erlegt hätte.

Ich weiß nicht mehr genau, wie viele Wochen Karl bei uns im Krankenhaus verbracht hat. Im tiefen Winter wurde er eingeliefert, und ich erinnere mich noch, daß wir uns, gemeinsam am Fenster seines Zimmers stehend, über das erste Grün der ausschlagenden Birken freuten. Er war so etwas wie ein Langzeitpatient oder, wie es im Verwaltungsjargon heißt, ein

Patient mit hoher Verweildauer. Obwohl wir damals als Stationsärzte angewiesen waren, stets für eine Vollbelegung der Betten Sorge zu tragen, brachte ich es nie fertig, einen Patienten nur um einer besseren Statistik willen länger als unbedingt notwendig im Krankenhaus zu behalten. Nicht selten habe ich es erlebt, daß stationäre Patienten, die depressiv verstimmt, appetit- und lustlos nur schleppend Fortschritte in ihrer Gesundung machten, nach wenigen Tagen in ihrer häuslichen Umgebung wieder voll hergestellt waren. Für Karl war Hospitalismus kein Thema. Er fühlte sich wohl bei uns, klagte nie, und außer der allmählich etwas eintönig werdenden Krankenhauskost hatte er nichts zu kritisieren. Jeden Sonntag bekam er Besuch von seiner Frau und den Kindern, die ihm natürlich nicht nur die neuesten Neuigkeiten aus seinem Dorf, sondern auch lukullische Spezialitäten mitbrachten, die einen nicht unwesentlichen Teil zu seiner Gesundung beitrugen.

Als wir einmal an einem Montag mit der Chefarztvisite in seinem Zimmer aufkreuzten, öffnete er die Schublade seines Nachtschränkchens, zog ein Stück Geräuchertes und einen Jagdnicker daraus hervor und säbelte schnell ein Stück von dem rußigen Fleischstück herunter, spießte es mit dem scharfen Jagdmesser auf und hielt es dem Chefarzt unter die Nase. »Des müssens probirn, Herr Chefarzt! A Hirschschinken ... selbst geräuchert!«

Dabei zwinkerte er mir mit einem Auge schelmisch zu, und ich wußte nun, daß er nicht nur die Hirschkeule selbst geräuchert, sondern auch den dazugehörigen Hirsch selbst erlegt hatte. Alle probierten wir von diesem köstlich aromatischen Fleisch und schleckten uns die schwarzen Finger. Lediglich die Stationsschwester fand es unter ihrer Würde und deplaziert, während der Chefarztvisite Hirschschinken zu verkosten.

Als ich eines Montags in der Früh zum Dienst erschien, war Karls Zimmers leer. Sein Nachtkästchen, das sonst das mit einer roten Plastikrose dekorierte gerahmte Foto seiner Frau und der beiden Buben zierte, war abgeräumt. Vor der Türe auf

dem Flur standen einige leere Gefäße, darunter auch die braune Bärwurzflasche und eine leere Blumenvase. Die Schwestern waren gerade dabei, ein neues Bett aus der Bettenzentrale für den nächsten Patienten herzurichten.
»Der is gestern abend entlassen worden, Herr Doktor, weil wir das Bett brauchen«, klärten mich die Schwestern auf und strichen energisch das Laken glatt.

»Einen schönen Gruß sollen wir Ihnen sagen, und daß er sich bei Ihnen meldet!« Etwas wehmütig war mir schon ums Herz, denn Karl gehörte doch mittlerweile irgendwie zum Krankenhausalltag, den er mit seiner unkomplizierten Art stets bereichert hatte. Ich freute mich aber auch für Karl, daß er nun nach diesem schweren Unfall endlich wieder genesen war.

Es kam der Sommer. Viele Verkehrs-, Sport- und Arbeitsunfälle bescherten uns auf der Unfallchirurgie viel Arbeit und immer volle Betten. Das Spektrum der Verletzungen in diesem Haus war groß und sicherlich zu einem gewissen Grad auf die landschaftliche Gegebenheit und die Mentalität der Bevölkerung zurückzuführen. Ich erinnere mich an abgestürzte Drachenflieger, an einen vom Stier auf die Hörner genommenen Landwirt, an einen mißglückten Selbstmordversuch mit einem Bolzenschußapparat, an zahllose Kopfplatzwunden und Messerstichverletzungen nach Wirtshaus- und Bierzelt-Raufereien und natürlich an viele junge Menschen, die nach Disko- und Wirtshausbesuchen entweder ihr fahrerisches Können überschätzt hatten oder durch die Unachtsamkeit anderer schuldlos in schwerste Verkehrsunfälle verwickelt worden waren. Oft kam jede ärztliche Hilfe zu spät, oft war jede ärztliche Kunst vergebens, und nicht jeder Fall fand ein so glückliches Ende wie der des Karl Böckler, den wir fast vergessen hätten, hätte nicht eines Tages im Juli die Sekretärin dem Chefarzt eine Ansichtskarte aus dem unteren Bayrischen Wald auf den Schreibtisch gelegt.
»Sehr geehrter Herr Chefarzt,
die Böcke treiben schon und es wäre jetzt eine gute Gelegenheit, wenn Sie und der Mangold Zeit hätten!
Hochachtungsvoll und viele Grüße an die Schwestern, besonders an die Anni!
Böckler Karl«
»Da schaun'S her, das hätte ich nicht gedacht, daß wir von der schweren Quetschverletzung auf Zimmer 33 nochmal was hören!« war die freudige Reaktion des Chefs, als er mir die

Karte während der Röntgenbesprechung über den Tisch zuschob.

In Medizinerkreisen ist es üblich, im Gespräch mit Kollegen Patienten nicht beim Namen, sondern bei der Diagnose zu nennen. So gibt es in dieser Terminologie keinen Herrn Meier oder Herrn Müller, sondern nur die »Galle auf Zimmer 3« oder den »Schenkelhalsbruch auf 25«. Die Erinnerung an Karl war beim Chef schon etwas verblaßt, sein Name nicht mehr geläufig, aber die Diagnose hatte sich eingeprägt.

»Vereinbaren Sie einen Termin, aber erst wenn es die Böcke nicht mehr treiben. Denn solange die Böcke es treiben, sollten wir sie nicht stören!«

Lautes Gelächter bei den Kollegen, die immer froh waren, wenn der Chef mal einen Witz machte, und einen Witz machte er nur, wenn er gut gelaunt war.

Aber es war durchaus kein Witz, sondern mangelndes wildbiologisches Wissen, und es bedurfte einer längeren Aufklärung von meiner Seite, daß das Treiben der Böcke wohl eine unabdingbare Voraussetzung für den Paarungsakt ist, aber nichts mit der eigentlichen Begattung zu tun hat.

»Ja, wenn das so ist, dann sollten wir nicht mehr länger warten! Dann greifen wir gleich am Wochenende an«, beendete er die Diskussion und wandte sich wieder den Röntgenbildern mit verschraubten und verplatteten Schenkelhälsen und Schienbeinköpfen zu.

Bockjagd am Wochenende! Ich sah nicht mehr auf die schwarz-weißen Aufnahmen, sondern blickte geistesabwesend aus dem Fenster hinüber auf die grünen Höhen des Waldgebirges, die sich, allmählich immer blauer und blasser werdend, hintereinander staffelnd in der Ferne auflösten.

Es war eine freudige Begrüßung und eine herzliche Umarmung, als ich den Karl wiedersah. Seine Backen waren voller geworden, sein Gesicht von der Sonne tief gebräunt. Bis auf ein kleines sogenanntes Entlastungshinken war sein Gangbild völlig unauffällig. Nichts erinnerte mehr an die schweren Verletzungen.

»Mir feit nix mehr, alles ist wieder in Ordnung«, strahlte Karl und drehte sich wie ein Tanzbär auf der staubigen Straße vor seinem kleinen Haus, um uns seine uneingeschränkte Beweglichkeit zu demonstrieren. Und mit den Worten: »Alles funktioniert noch«, nahm er seine Frau, die im vierten Monat schwanger war, liebevoll in die Arme.
Der Wirt des bescheidenen Dorfwirtshauses schien über unser Kommen schon unterrichtet gewesen zu sein, denn neben einer deftigen Brotzeit hatte er zu unserem Leidwesen offenbar auch einige medizinische Fragen vorbereitet: Während wir uns das frische Bier und das Schwarzgeräucherte schmecken ließen, entledigte er sich seiner Schuhe und der wollenen Socken, schob die Hosenbeine nach oben und präsentierte uns seine daumendicken Krampfadern. Dann erzählte er uns, wie er sich während des Krieges im russischen Winter an beiden Füssen Erfrierungen zugezogen hatte, wobei er immer wieder mit den klobigen Fingern seine beiden Großzehen massierte.
Ich hatte mir danach nichts mehr bestellt, denn ich mußte ja auf den Hochsitz, um für den Chefarzt den Rehbock zu erlegen, während der Chef nicht umhin kam, notgedrungen eine Wirtshaussprechstunde abzuhalten. Kein Wunder, denn Karl hatte nach seiner Genesung im ganzen Dorf für ihn Reklame gemacht.
Ich war froh, als mich Karls Schwager endlich aus dem Wirtshaus abholte, denn die Sonne senkte sich allmählich hinter den bewaldeten Gipfeln des Nationalparkes, in dessen Nähe die kleine Eigenjagd lag.
»I bin der Max«, stellte sich der Schwager vor, dann musterte er meinen Mannlicher, erkundigte sich nach dem Kaliber und bat mich, auf dem Rücksitz seines grünen VW-Käfer Platz zu nehmen, denn der Beifahrersitz war ausgebaut, um einer Mörtelwanne einem angebrochenen Zementsack und verschiedenen Maurerwerkzeugen Platz zu machen. Max selbst war in keiner Weise jägerisch angezogen. Das einzig Grüne an ihm war eine giftiggrüne Schirmmütze mit weißem Schild und

einem Reklameaufdruck der Baywa. Sein blauer Arbeitsanzug war von Zement und Gips grau und weiß überhaucht. Seine Füße steckten in schweren Bergschuhen, die er wahrscheinlich in diesem Waldgebirge sowohl zur Jagd als auch während seiner Arbeit als Maurer trug, denn Mörtelreste überkrusteten die Schuhkappen.

Während der holprigen Fahrt auf einer schmalen, staubigen, steil bergan führenden Straße war wegen des Höllenlärms, den der hochtourig gequälte Motor des Käfers machte, eine Unterhaltung kaum möglich.

»I bin froh, daß Ihr den Karl wieder so gut zamm'g'flickt habt«, schrie er zu mir nach hinten, »jetzt hoff i halt bloß, daß nachand der Bock a kimmt! So ungefähr sechs Jahr hat er aufm Buckel und so hauch hot er af!« Dabei zog er mit der rechten Hand einen Zollstock aus der Tasche, klappte ihn mit einer Hand auf und fuhr mit dem Daumen zwischen der Zweiundzwanzig- und Dreiundzwanzig-Zentimeter-Markierung hin und her.

»Aber guat treffen muaßt'n ..., liegen muß er glei!«

Ich wußte genau, was das zu bedeuten hatte. Es konnte sich nur um einen Bock in unmittelbarer Grenznähe handeln, der im Falle einer kurzen Todesflucht höchstwahrscheinlich schon in »Nachbars Garten« verenden würde, wo er vermutlich auch seinen Einstand hatte. Mir war nicht wohl bei dieser Sache.

Der aus Holzknüppeln einfach zusammengezimmerte Hochsitz, an dem mich Max ablieferte, war kunstvoll in die Krone eines alten Apfelbaumes am Rand einer kleinen Waldwiese eingefügt. Obwohl ich beim winterlichen Fuchsjagern gerne die Vorzüge einer geschlossenen Kanzel in Anspruch nehme, liebe ich solche Sitze, die einem das Gefühl geben, mit der Umgebung zu verschmelzen, über alles. Mit dem Fernglas verfolgte ich den zum Wagen zurückschleichenden Max, dessen giftiggrüne Baywa-Mütze grell im Abendlicht leuchtete und nicht zu übersehen war. Schließlich das Zuschlagen der Wagentür, das würgende Geräusch des Anlassers, dann das

allmählich sich entfernende, immer leiser werdende und zuletzt sich im Gesumme von Insekten völlig auflösende Motorengeräusch. Endlich war ich allein, endlich konnte das losgehen, auf das ich mich schon so lange gefreut hatte.
Die Sonne war bereits untergegangen, und ein leichter, kühler küselnder Wind kam auf und trug aus dem Tal den Duft von frischem Heu heran, der sich mit dem würzigen Aroma der Waldkräuter und dem harzigen Geruch des Waldes zu einer Mischung vereinte, die in mir Erinnerungen an einen Schullandheimaufenthalt wachrief, den ich als Zwölfjähriger einmal fern meiner fränkischen Heimat hier im Bayerischen Wald genießen durfte.
Armer Chefarzt, dachte ich mir. Er mußte jetzt in der verräucherten Wirtsstube ausharren, ein Umstand, aus dem er jedoch, wie ich später erfuhr, das Beste machte. Immer wieder suchte ich mit dem Glas den Waldrand und die Waldwiese ab, ob sich nicht doch endlich die Enden des zweiundzwanzig bis dreiundzwanzig Zentimeter »hauch« aufhabenden Bockes zeigten. Hoch im sich allmählich rötlich verfärbenden Abendhimmel machte ich die blinkenden Lichter einer Linienmaschine aus, die sich auf dem Flug von Wien nach Frankfurt befinden mußte, und deren entferntes Dröhnen erst an meine Ohren drang, als sie bereits in einer rötlich blaugrauen Wolke verschwand. Das Flugzeug erinnerte mich wieder an den Helikopter, der mich mit Karl zusammengeführt hatte, und nun saß ich da und durfte dazubeitragen, daß Karls Gelübde erfüllt würde.
Seltsam, wie das Leben so spielt, dachte ich mir gerade, da vernahm ich rechts von mir im dichten Unterholz des Waldrandes ein leises Knacken und ein eigenartiges schleifendes Geräusch. Dann wieder Stille, und erneut dieses immer lauter werdende Knacken von dürrem Reisig. Was ich nun zunächst in den Linsen meines Fernglases und dann nur wenige Meter vom Hochsitz entfernt mit bloßen Augen sah, hat mich so beeindruckt und überwältigt, daß ich es gleich am nächsten Tag mit Stift, Pinsel und Farbe in meinem Jagdtagebuch fest-

hielt. Oft verweile ich heute noch beim Zurückblättern in meinen Aufzeichnungen bei diesem Blatt mit dem Datum vom 26. Juli 1980, 21 Uhr: Es zeigt zwei hochkapitale Feisthirsche im Bast. Wie von Geisterhand hingezaubert, standen die beiden Hirsche vor mir. Der eine trug gerade zwölf und der andere gerade vierzehn Enden. Die Gewaltigkeit dieser Geweihe, die sich wie überdimensionale Kronleuchter aus dem Unterholz schoben, wurde durch den Bast noch verstärkt, der bei Berührung mit den Hollerstauden des Unterholzes das seltsam schleifende Geräusch hervorrief. Unschlüssig verhofften die beiden Geweihten, dann zogen sie beinahe unter dem Hochsitz hindurch hinaus auf die Waldwiese, wo sie der allmählich aufkommende Bodennebel einhüllte. Ein unwahrscheinlich viel Frieden und Ruhe ausströmendes Bild, das sich schließlich im schwindenden Büchsenlicht auflöste.

Max hatte den Wagen einige Hundert Meter vorher abgestellt, und so wurde ich seiner erst gewahr, als ich den schwachen Lichtpunkt seiner Taschenlampe schwankend wie ein Glühwürmchen durch das Stangenholz auf mich zukommen sah.

»Ja des versteh i net, des is aber schad, daß er heit net kemma is«, waren seine enttäuschten Worte, als ich ihm den Bock nicht präsentieren konnte. Von dem wundervollen Anblick wollte ich ihm erst im Auto erzählen. Im Licht der Taschenlampe erkannte ich, daß sich Max in Schale geworfen hatte. Ein grauer Trachtenanzug mit silbernen, glänzenden Knöpfen, ein weißes Hemd und eine grüne Krawatte, deren überdimensionaler Knoten das gestickte Haupt eines unendlich »hauch« aufhabenden Rehbockes zierte, verwandelte den Max in einen Vorzeige-Bayerwäldler. Er hatte doch fest mit einer zünftigen Bock-Feier im Wirtshaus gerechnet. »Feiern tun wir auf alle Fälle«, beruhigte ich ihn auf der Rückfahrt, »aber nicht den Bock, sondern die glückliche Genesung von Karl ... und mein Erlebnis, welches ich heute abend in deiner Jagd genießen konnte. Ich habe nämlich zwei Kapitalhirsche vorgehabt!«

Abrupt trat er auf die Bremse, daß ich Mühe hatte, nicht vom Rücksitz über die Mörtelwanne gegen die Windschutzscheibe

geschleudert zu werden. Mit großen Augen sah er mich an, und dann sprach er mehr zu sich selbst: »Also sans wieda da, die zwoa«, und mit einem befriedigten Lächeln auf den Lippen trat er aufs Gaspedal und steuerte das Wirtshaus an.

Dichter Qualm erfüllte die kleine Wirtstube, die mittlerweile kaum noch einen freien Platz bot. Erst nach genauerem Hinsehen erkannte ich meinen Chef und Karl inmitten grölender, lachender und zechender Burschen und in lustige Gespräche vertiefter Stammtischbrüder.

Ein vielstimmiges und zum Teil nur schwer verständliches »Waidmannsheil« dröhnte mir entgegen und immer wieder die Aufforderung: »Her mit dem Bock, her mit dem Bock!«

Oh Gott, Karl hatte alle seine Freunde zu einer vermeintlichen Bockfeier geladen, und ich stand nun da und hatte außer dem Anblick zweier Hirsche nichts vorzuweisen. »Gib's zua, du host'n net troffa!« versuchte mich einer zu frotzeln und löste ein lautes Gelächter und Gejohle unter den Burschen aus. Ein anderer rotgesichtiger Stammtischbruder mit blondem Schnauzbärtchen und Fäusten wie Maßkrüge meinte gar: »Des warn koane Hirsch, des warn dem Max seine zwoa besten Böck!«

Wieder ein Gejohle und Gekreische, und die lustige, bereits abgefüllte Runde wurde erst ruhiger und sogar ein wenig sentimental, als der Chefarzt aufstand und in einer kurzen, wohlformulierten Rede erklärte, wie diese Jagdeinladung eigentlich zustande gekommen. Als er dann das Glas auf den wiedergenesenen Karl erhob, da ließen uns die Burschen hochleben, wie es sonst wohl nur ihrem Fußballtrainer nach einem erfolgreichen Aufstiegsspiel vergönnt ist. Das Schulterklopfen wollte kein Ende nehmen, und als wir uns draußen vor dem Wirtshaus von Karl und seinem Schwager Max herzlich verabschiedeten, jolten die Zecher in der Stube immer wieder den Ohrwurm: »So ein Tag, so wunderschön wie heute ...«

Im darauffolgenden Jahr hatte Karl wieder geschrieben und seine Einladung auf den Bock erneuert, die ich aber aus ter-

minlichen Gründen nicht wahrnehmen konnte. Schon ein Jahr später verließ ich das Krankenhaus, wo ich so viel Schönes, aber leider auch viel Trauriges, Bewegendes erlebt hatte, um mich als Landarzt im Rottal niederzulassen.
Es mögen wohl fünf oder sechs Jahre nach unserem gemeinsamen Jagdausflug gewesen sein, als ich meinen ehemaligen Chef nach der Aufführung von Mozarts Requiem anläßlich der Europäischen Wochen in der Klosterkirche Aldersbach wiedertraf. Freudig war das Wiedersehn, und schon nach wenigen Minuten des Zusammenseins kamen wir auf den Böckler Karl zu sprechen. Ich erfuhr, daß er sich vor einigen Jahren noch einmal in stationäre Behandlung begeben hatte, um sich das implantierte Metall aus dem Becken entfernen zu lassen, dann habe man jedoch nie mehr etwas von ihm gehört.

Wiederum ein Jahr später berichtete mir meine Arzthelferin von einem großen Fernlastzug, der am Nachmittag, als ich über Land gefahren war um Patienten zu besuchen, die Zufahrt zum Praxisparkplatz blockiert hatte. Der LKW-Fahrer sei ausgestiegen und habe für mich einen kleinen Karton abgegeben. Es wird oft an der Türe etwas abgegeben. Meist handelt es sich dabei um irgendwelche Untersuchungsproben, aber dieses Päckchen gab mir doch Rätsel auf.
Vorsichtig öffnete ich den kleinen Karton und zog einen gläsernen Bierkrug daraus hervor, in den kunstvoll das Haupt eines »hauch« aufhabenden Rehbockes geschliffen war. Auf der beiliegenden Postkarte mit dem Motiv einer Bayerwaldlandschaft war in einer etwas unbeholfen wirkenden Schrift zu lesen: »Bin wieder für die Spedition in ganz Deutschland unterwegs. Habe nicht vergessen, was Du alles für mich gemacht hast. Dein Böckler Karl«.
Ich war gerührt, als ich diese einfachen Dankesworte las und dabei den funkelnden Glaskrug in meinen Händen hielt.
Karl, der verständlicherweise mit Langholztransportern nichts mehr zu tun haben wollte, war bei seiner ehemaligen Spedition wieder als Fernfahrer untergekommen. Heute hatte

ihn seine Tour nach München durch das Rottal geführt, und er wollte die Gelegenheit nützen, mich nach der langen Zeit endlich einmal aufzusuchen. Es mußte ihm wohl einige Schwierigkeit bereitet und viel Zeit gekostet haben, über kleine Nebenstraßen meine Praxis ausfindig zu machen. Er sei in großer Eile gewesen, berichtete mir meine Arzthelferin, habe bei laufendem Motor die Fahrertüre seines Lastzuges offenstehen lassen, habe das Packerl abgegeben und sei gleich wieder in sein Führerhaus hochgeklettert und mit schwer aufbrummendem Motor, eine dunkle Rußwolke hinter sich lassend, in Richtung Bundesstraße davongefahren.

Ich klappte den Zinndeckel des Bierkrügerls hoch und entdeckte auf seiner Unterseite dann die kunstvolle Gravur, die einem zwangsläufig ins Auge stechen mußte, wenn man das Trinkgefäß zum Mund führte.

»Waidmannsheil, Herr Doktor!«

und darunter:

»Zur Erinnerung an den 4. Januar 1980«

Das war das Datum seines Unfalls.

Im Nebel

Von Horoskopen halte ich, wie an anderer Stelle in diesem Buch schon angedeutet, nicht viel, oder besser gesagt – nichts! Daß aber an der Astrologie doch etwas dran sein muß, oder, vorsichtiger ausgedrückt, dran sein könnte, zeigte mir das Buch einer recht bekannten Astrologin, mit der mich seit vielen Jahren eine herzliche Freundschaft verbindet. Sie charakterisiert in einer heiter-ernsten Betrachtung die Jäger nach ihrem Sternzeichen. Wüßte ich nicht genau, daß die Autorin dieses Buch lange vor unserer ersten Begegnung geschrieben hat, müßte ich ihr unterstellen, sie hätte mich mit meinen Eigenschaften und Eigenarten stellvertretend für alle im Sternzeichen des Krebses geborene Jäger als Prototyp benutzt und beschrieben.
In den meisten der von ihr herausgestellten typischen Eigenarten eines »Krebs«-Jägers fand ich mich wieder. Daß bei diesem auf der Jagd das Gefühl den Tatendrang überwiegt, daß seine Hunde alle überernährt sind, daß seine Träume schöner sind als die schönste Wirklichkeit und daß er nicht jagen würde, wenn da nicht die Heimkehr wäre –, das alles trifft auch bei noch so kritischer Betrachtung genau auf mich zu. Es bleibt mir somit nichts anderes übrig, als mich zum typischen »Krebs«-Jäger zu bekennen oder mich als solcher zu »outen«, wie das heute auf neudeutsch genannt wird.
Ein andermal stieß ich in einem Reisejournal auf die Rubrik: »Welches Reiseziel für welches Sternzeichen?« – und wiederum fand ich mich als »Krebs« ertappt. Während der Autor den unter anderen Sternzeichen geborenen reiselustigen Mitmenschen die tollsten Trips von der Arktis bis in das tiefste Afrika vorschlug, so riet er dem urlaubswilligen Krebs ledig-

lich zu einer Reise mit dem Wohnwagen nach Schleswig-Holstein. Ich will damit nicht sagen, daß ich ein typischer Camper bin, der während seines Urlaubs nur den Jogging-Anzug trägt und dem der enge Kontakt zu Gleichgesinnten auf dem Campingplatz über alles geht – oh Gott bewahre!

»Der Krebs trägt sein Haus mit«, schrieb der Verfasser in seinem etwas satirischen Beitrag, und auch das trifft genau für meine Person zu. Ich fahre zwar einen fünfsitzigen Geländewagen, kann aber im Höchstfall nur einem Mitfahrer Platz bieten, denn der restliche Raum wird durch meinen stets mitgeführten »Hausrat« ausgefüllt: Rucksack, Lodenkotze, Regenmantel, Regenschirm, Anglerschirm, Minischirm im Rucksack, Aquarellstaffelei, Farbenkoffer, Anglerstuhl, Hammer, Nägel, Zange, Hüttenbeil, Seife, Handtuch, Gummistiefel, Klappspaten, Flaschenzug, Feuerlöscher, Wildwanne, Toilettenpapier, Wasserkanister, Gummihandschuhe, Campingliege – das alles gehört unter anderem zur ständigen Grundausstattung meines Wagens, denn man weiß ja nie! Sogar eine kleine Kaffeemaschine findet sich in meiner Bordausstattung, Filtertüten, Würfelzucker und Dosenmilch natürlich eingeschlossen. Oft machen sich meine Freunde wegen dieses »Spleens« über mich lustig, wobei sie vergessen, daß sie es sind, die beim gemeinsamen Jagen oder Fischen vom Sortiment meiner Ausrüstung und von meiner Vorratshaltung profitieren, denn der Krebs ist, wie die Astrologin meint, ein lieber und freundlicher Kerl.

Als Krebs mache ich natürlich keine großen Touren. Selbst Schleswig-Holstein, was dieser sternenkundige freundliche Reisejournalist in dem Magazin empfahl, liegt außerhalb des Radius', den ich nur ungern überschreite und von dem ich mich, zum Leidwesen meiner Familie, geradezu zwanghaft einengen lasse. Während die oben erwähnten Gebrauchsgegenstände des täglichen Lebens alle auf der Rückbank Platz finden, sind die Sachen, die ich zur Ausübung meines Berufes als Landarzt benötige, alle im geräumigen Heck des Wagens untergebracht, wo ich bei Bedarf durch die Hecktüre einen schnellen Zugriff auf den Verbandskoffer, Notfallkoffer, Sauerstoff- und Medikamentenkoffer habe. Es kann schon mal vorkommen, daß ich nach dem letzten Rehaufbrechen vergessen habe, den Zehn-Liter-Wasserkanister wieder aufzufüllen, aber ohne meine vier Arztkoffer fahre ich keinen Meter! Es ist wäre ein Alptraum für mich, wegen mangelnder Ausrüstung einmal nicht helfen zu können, wo meine ärztliche Hilfe gebraucht wird. Zum Glück ist mir das noch nie passiert. Im Grunde ist das so wie mit dem Regenschirm: Schleppt man so ein unförmiges Ding mit sich herum, dann scheint mit Sicherheit die Sonne – hat man ihn aber vergessen oder aus Bequemlichkeit zu Hause stehen lassen, dann zieht man die Regenwolken förmlich herbei.

Warum ich so weit aushole und mich sogar in das geheimnisvolle Gebiet der Astrologie vorwage, hat einen bestimmten Grund. Es geht nämlich um eine Geschichte, die zwar nicht unbedingt ein Happy-End besitzt, aber sehr leicht hätte wirklich tragisch ausgehen können:

Bis zum Wendeplatz am Ende der gesperrten Forststraße auf etwa sechshundert Meter Höhe konnten wir mit meinem Geländewagen noch fahren. Dann hieß es den Rucksack schultern, denn der alte Jäger Bepp, mein kleiner Sohn Benedikt und ich wollten gemeinsam hoch zur Lahnerhütte, um von dort am nächsten Morgen zum Balzplatz der Spielhahnen auf die Lahneralm zu steigen. Bepp war schon zu alt, als daß er noch einen schweren Rucksack hätte tragen können, und Benedikt war noch zu klein, als daß man ihm schon ein Gepäckstück hätte aufbürden können. So packte ich alles, was wir brauchten, auf mein Tragegestell aus Aluminium und lud es mir auf die Schultern. Auch beim Packen meines Rucksackes habe ich als Krebs Probleme, denn beinahe zwanghaft versuche ich alles, was man im Notfall auf der Hütte brauchen könnte, in den vielen aufgenähten Taschen zu verstauen: Mullbinden, Ersatzbatterie, Reisemalkästchen, Radiergummi, Skizzenblock, Schnüre, Plane, Gummikissen und so weiter.

Hätte mein guter lederner Rucksack noch mehr Taschen, ich glaube kaum, daß eine davon leer bliebe.

Beim letzten Rundgang um das Auto und bei der Überprüfung, ob auch wirklich alle Türen verriegelt waren, fiel mein Blick auf meinen Arztkoffer, und für einen kurzen Augenblick zögerte ich. Sollte ich nicht doch wenigstens einige Ampullen, vielleicht ein Schmerz- oder fiebersenkendes Mittel, oder das kleine Wundversorgungsbesteck, das Stethoskop oder den Blutdruckmesser mitnehmen ...? Ach Unsinn, beruhigte ich mich, ich bin hier auf der Jagd und nicht im Dienst. Und dennoch stieg ich mit einem etwas unguten Gefühl im Bauch dem alten Bepp nach, der mit Benedikt schon die erste Kehre des steilen Serpentinensteiges erreicht hatte.

Ich freute mich an dem Bild, welches der alte, schon etwas müde wirkende graubärtige Jäger bot, wie er dem wißbegierigen Jungen die Besonderheiten zu beiden Seiten des Steiges erklärte. Ich ließ mir Zeit und ging etliche Meter hinter ihnen, so daß ich nicht hören konnte, worüber sich die beiden unterhielten. Immer wieder blieben sie stehen und schauten, die Hand zum Schutz vor der blendenden Sonne über die Augen haltend, hinunter ins Tal, dann bückten sie sich wieder, um eine bizarr geformte Wurzel oder einen seltenen Stein aufzunehmen, der dann nach genauer Begutachtung achtlos wieder weggeworfen wurde. Dann deutete der alte Bepp mit dem Bergstock wiederholt hinauf auf den Höhenrücken, auf dessen nach Süden abfallender Seite der Balzplatz lag, und merklich legten sie ein wenig im Tempo zu, so daß ich Mühe hatte den Anschluß nicht zu verpassen.

Seit Jahren lud mich Bepp, der Aufsichtsjäger einer großen, in den oberbayerischen Bergen gelegenen Eigenjagd war, ein, mit ihm die Spielhahnen zu verlusen. Einmal konnten wir voller Freude neun der kleinen schwarzen Ritter zählen und sie beim Tanz auf ihrem Turnierplatz bis weit über den Sonnenaufgang hinaus beobachten. Im folgenden Jahr mußten wir unser Unternehmen wegen eines plötzlich einsetzenden schweren Gewitters abbrechen. Die mitgeschleppten Vorräte verzehrten wir damals auf einer im Tal gelegenen Hütte, die uns Schutz vor Blitz, Donner und Regen bot. Als sich das Wetter verzogen hatte und wir zur Heimfahrt rüsteten, erstrahlte über dem kleinen Bergtal ein Regenbogen, wie ich ihn schöner nie wieder gesehen habe. Die Fotos, die ich vom treuen, alten Bepp in diesem seltsamen, zauberhaften Licht unter den Farben des Regenbogens machen konnte, entschädigten mich vollständig für die entgangene Hahnenbalz, und unter dem Halbkreis der farbigen Himmelserscheinung wünschte ich mir wiederkommen zu dürfen. Der Wunsch ging in Erfüllung.

»Kimm und bring mir an Bene mit!« schrie er mit seiner etwas heiseren Stimme ins Telefon, als er mich damals im Frühjahr anrief, »Die Hohna pfoitzen scho!«

Benedikt, oder Bene, wie Bepp ihn liebevoll nannte, freute sich riesig auf unseren gemeinsamen Berggang, auf die Hahnen und natürlich am allermeisten auf die kleine Blockhütte, die gut versteckt unterhalb der Alm im noch dichten Alpenwald lag und von der ich ihm schon so viel erzählt hatte. Schon Tage vorher schlief er zu Hause zur Probe in seinem Schlafsack. Als Lichtquelle tolerierte er abends in seinem Zimmer lediglich seine kleine Halogen-Taschenlampe, und zum Frühstück erschien er nur noch mit seinem Überlebensmesser, welches im Hohlraum des Griffes neben Streichhölzern eine Sicherheitsnadel, Schnur und einen Angelhaken beherbergte und im Knauf einen Kompaß integriert hatte.

Vielleicht lieben wir Erwachsene die Jagd deshalb so sehr, weil sie es uns ermöglicht, die Abenteuerlust aus unserer Jugendzeit in das reifere Alter hinüberzuretten, weil wir die Liebe zu vielen kostbaren Kleinigkeiten nicht verdrängen müssen und weil wir uns auch im Erwachsenenalter weiter über so »kostbare« Utensilien wie Taschenmesser, Hüttenbeil und Taschenlampen freuen dürfen. Wie traurig war ich damals in meinen Waldläufertagen, als ich mein erstes Taschenmesser, eines mit Griffschalen aus imitiertem Hirschhorn mit Säge, Pfriem und Korkenzieher, verlor. Es war Gebrauchsgegenstand, Waffe und treuer Wegbegleiter in einem. Heute besitze ich eine ansehnliche Sammlung von einfachen und wertvolleren Jagdmessern, denn magisch ziehen mich diese kleinen scharfen Kunstwerke in den Auslagen der Jagdgeschäfte an, und ich kann oft nicht widerstehen. Eines davon trage ich täglich bei mir, und so oft ich mich umziehe, wandert dieses kleine, schlanke, elegante Hirschhornmesserchen von einer Hosentasche in die andere. Ein alter württembergischer Messermacher hat es mir geschenkt, weil ich ihn in die Kunst des Aquarellierens einführte.

Bepp und Bene hatten schon viel Vorsprung und waren eben auf dem »Tret«, einem für mich nicht einsehbaren terrassenartigen Geländeabschnitt angelangt. Sie würden schon warten, dachte ich mir, entledigte mich für einige Minuten der schweren Last und ließ mich auf einer trockenen Latschenwurzel nieder. Im noch intensiven Licht der allmählich untergehenden Sonne sah ich wenige Meter vom Steig entfernt an einem der vielen hier herumliegenden Felsbrocken etwas Metallisches aufleuchten. Seltsam! Ich trat etwas näher an diesen von Flechten überzogenen niederen Fels heran und erkannte eine nur wenige Zentimeter über dem Boden in den Stein eingelassene und mit Zement oder einem ähnlichen Werkstoff befestigte kleine, golden im Sonnenlicht aufleuchtende Platte mit einer Inschrift. Oft bin ich hier schon bergwärts steigend oder beim abendlichen Abstieg vorbeigekommen, ohne daß ich auf dieses Marterl aufmerksam geworden wäre. Die Botschaft, die es dem vorbeisteigenden Wanderer überbrachte, berührte mich sehr. Es war zu lesen, daß genau an dieser Stelle vor wenigen Jahren ein Wanderer während einer Rast verstorben war. Mir war der Name dieses hier in der schönen oberbayerischen Bergwelt Dahingeschiedenen geläufig, denn es handelte sich um einen bekannten bayerischen Politiker. Ich glaubte mich in diesem Moment auch daran zu erinnern, von dieser Tragödie in der Zeitung gelesen zu haben. Was mochte seinen Tod herbeigeführt haben?
Ich stieg die paar Meter zu dem noch Schmelzwasser führenden kleinen Bach hinunter und pflückte einen kleinen Strauß der hier üppig blühenden goldgelben Sumpfdotterblumen und legte ihn vor die kleine Bronzetafel.
Als Arzt macht man sich natürlich seine Gedanken. War es ein Herzinfarkt? Ein Gehirnschlag? War er sofort tot? Hätte man ihm unter Umständen helfen können, wenn …? Ja wenn …
Jetzt war ich mit meinen Gedanken wieder bei meinen Arztkoffern, und es beschlich mich ein bedrückendes Gefühl, das sich auch dann nicht ganz verdrängen ließ, als ich endlich oben auf der Hütte ankam, aus deren rostigem Kaminrohr

schon bläulich weißer, harzig duftender Rauch quoll. Durch die noch nicht voll belaubten Kronen der Buchen hindurch sah man allmählich die Lichter der drunten im Tal liegenden Bauernhöfe aufleuchten. Am westlichen Horizont verabschiedete sich der Tag mit einem allmählich verblassenden goldenen Lichtband.

So richtig behaglich war es auf der Hütte, und wir waren glücklich, endlich hier heroben zu sein. Benedikt kam voll auf seine Kosten. Holzhacken, Nachfeuern, Rühreier mit Speck in der verbeulten Pfanne auf der verrosteten Herdplatte braten und dann mit dem Jagdmesser auf der buchenen Tischplatte Brotzeit machen – das alles war so recht nach seinem Geschmack, und bald rollte er sich wie ein müder Jagdhund in seinem raschelnden Nylon-Schlafsack ein und beobachtete den Bepp und mich, wie wir im warmen Schein der Petroleumlampe für den morgigen Tag Pläne schmiedeten. An seinen langen, gleichmäßigen Atemzügen erkannte ich bald, daß er eingeschlafen war.

Ich entkorkte vorsichtig, um den Jungen nicht zu wecken, eine der beiden hierher hochgeschleppten Rotweinflaschen und schenkte uns in die dickwandigen Gläser ein. Der Rand dieser Pressglaspokale war durch den langjährigen Gebrauch auf der Hütte schon mehrfach abgesplittert, und man mußte beim Trinken aufpassen, sich nicht in die Lippe zu schneiden. Leuchtend rot wie ein Edelstein funkelte der Pöttelsdorfer Blaufränkisch, obwohl die alten Gläser schon recht trüb waren. »Weißt du eigentlich, wie das mit dem Minister damals dort unterhalb vom Tret passiert ist?« fragte ich den alten Bepp, der schon etwas müde und abwesend auf sein Weinglas starrte.

»I moa, der hot an Impfarkt g'habt«, war seine etwas eintönige Auskunft, die mir ein leichtes Schmunzeln entlockte, denn Bepp glaubte offensichtlich, Infarkt hätte etwas mit Impfen zu tun. Und, als ob ich es nicht verstanden hätte, wiederholte er noch einmal, ohne von seinem Weinglas aufzuschauen: »Ja, ja, i moa des is a Impfarkt g'wen!«

Als ich den angerosteten Korkenzieher in die Tischschublade zurücklegte, entdeckte ich in deren hinterstem Eck ein altes Zigarrenkistchen, auf dessen Deckel neben dem Aufdruck »Sumatra« mit etwas Phantasie ein aufgemaltes rotes Kreuz zu erkennen war – der Erste-Hilfe-Kasten! Neugierig öffnete ich diese Hüttenapotheke. Ein zerbrochenes Fieberthermometer, ein angerissenes Päckchen blutstillender Watte, ein zerbeultes Tablettenröhrchen aus Aluminium und ein leeres braunes Arzneimittelfläschchen mit der Aufschrift »Borwasser« förderte ich zutage.

»Krank werden darfst du da heroben nicht!« machte ich mich über dieses Hütten-Notfallset lustig.

»Ja mei! – Wenn's nur recht schnell geht, wenn's amal so weit is. Und da is a Impfarkt ebbs Scheans!« brummte Bepp vor sich hin und starrte dabei immer noch ohne jegliche Regung auf sein Weinglas. Merkwürdig einsilbig war er geworden und hatte Mühe, von dem Roten, dem er sonst so gerne zusprach, wenigstens ein paar Schluck hinunterzubringen. Irgend etwas ging in ihm vor, was ich nicht ergründen konnte.

Ich hörte ihm so gern zu, wenn er von früher erzählte, von den Hahnen und Hirschen, von den Gamsen und Rehböcken und von den interessanten Gästen, die er während seines langen Lebens als Pirschführer begleiten durfte.

Eine seiner Geschichten hat mich tief beeindruckt und ist mir deshalb besonders in Erinnerung geblieben, weil sie belegt, wie die Liebe zum Waidwerk es vermag, Menschen verschiedenster Herkunft und Nationalität zusammenzuführen, und wie es beim gemeinsamen Jagen zwischen zwei Menschen zu einer echten Verbrüderung kommen kann.

Bepp durfte einmal, es muß irgendwann in den siebziger Jahren gewesen sein, einen ganz besonderen Jagdgast führen. Es war ein sehr bekannter, amerikanischer General (sein Name soll uns hier nicht interessieren), der zu einem Truppenbesuch in Deutschland weilte. Die Bundesregierung und die Bayerische Staatsregierung organisierten für den hohen Gast ein umfangreiches Sightseeing- und Rahmenprogramm. Die

Besichtigung der Berliner Mauer und des Schlosses Neuschwanstein gehörten ebenso dazu wie der Besuch eines Konzertes der Münchner Philharmoniker im Nationaltheater und eine kurze medienwirksame Einkehr im Hofbräuhaus. Mit dem damaligen Bayerischen Ministerpräsidenten konnte sich der General am Rand eines Empfanges auch ausgiebigst über die gemeinsame Passion, die Jagd, unterhalten. Schnell warf man das Protokoll über den Haufen und bot dem hohen Offizier anstelle eines Besuches der Nymphenburger Porzellanmanufaktur einen Bartgams in den Bayerischen Bergen an. Mit einem Militärhubschrauber wurde der Staatsgast in das winterliche, tief verschneite Tal gebracht und in Bepps Obhut gegeben.

Bei hoher Schneelage und klirrender Kälte quälte sich Bepp mit dem hohen Gast im Schlepptau durch ein ausgedehntes Latschenfeld, an dessen oberem Rand er im Schnee, zum Schutz vor dem schneidenden Wind, eine tiefe Grube aushob. Mehrere Stunden saßen die beiden eng aneinandergedrängt und den dickzotteligen Wachtelrüden des Jägers als Nierenschutz im Rücken und spekulierten nach Gams. Den General fror es ganz erbärmlich. Diesen Umstand nützte der gewitzte Bepp aus und erklärte, daß er schon einmal viel stärker gefroren hätte als an diesem Tag – nämlich während seiner zwölfmonatigen amerikanischen Kriegsgefangenschaft.

Der General sei daraufhin sehr betroffen gewesen und habe sich gar nicht mehr für Gams, sondern nur noch für Bepps Schilderung aus der Gefangenschaft interessiert. Bepp, der schon immer ein Gespür für Menschen hatte, merkte sehr schnell, daß er den General ungewollt in Verlegenheit gebracht hatte. Sofort schwenkte er um und betonte ausdrücklich, daß er in seinem späteren Leben selten eine so gute Linsensuppe wie in eben diesem Gefangenenlager gegessen hätte.

Die Ehre des Generals und die der amerikanischen Armee waren so schnell wiederhergestellt, und kurz darauf habe ein suchender, achtjähriger Bock die Alm überquert und sei vom

General sauber auf die Decke gelegt worden. Unter der aufheulenden Turbine des Helikopter seien sie sich damals zum Abschied in die Arme gefallen und hätten sich ewige Freundschaft geschworen.

Heute mochte eine Unterhaltung so recht nicht mehr aufkommen. Umständlich nestelte Bepp an den Stellschrauben des großen Weckers herum. Wie viele Hahnenjäger mag dieses vorsintflutliche Gerät mit seinem lauten, monotonen Ticken hier heroben schon in den kurzen Schlaf begleitet haben, um sie dann mit einem erbarmungslosen Rasseln wenig später wieder aus den schönsten Hahnenträumen herauszureißen?

Ich merkte, daß Bepp Schwierigkeiten hatte, die Uhrzeit richtig einzustellen. Fluchend kramte er aus dem Schub eine alte Lesebrille mit dicken, schmutzigen Gläsern hervor. Diese Brille gehörte ebenso zum Inventar dieser Hütte wie der verrostete Korkenzieher, das alte, abgegriffene Kartenspiel oder das Erste-Hilfe-Zigarrenkistchen. Irgendein von weit angereister Jagdgast mag sie hier einmal vor Jahren vergessen und den Verlust wohl erst drunten im Tal bemerkt haben. Auf dem Etui, einem kleinen mit rotem Samt ausgekleideten schwarzen Köcher aus verleimter Pappe, stand in goldenen kunstvollen Lettern zu lesen:

– Augenoptikermeister Hoyer, Hamburg-Blankenese –

Es wäre interessant, wenn so manche Gegenstände ihre Geschichte erzählen könnten. Nun versah dieses optische Gerät aus dem hohen Norden sozusagen als Hüttenbrille seinen Dienst und schärfte so manchem hier nächtigenden weitsichtigen Jäger den Blick für Kartenspiel und Hüttenbuch.

Endlich schien es Bepp gelungen zu sein, die Zeiger entsprechend zu stellen, denn erleichtert aufseufzend zog er nun die Feder des Uhrwerkes auf, stellte den Wecker in den Herrgottswinkel, schlupfte in die großen ausgelatschten Filzpantoffeln und schlurfte zur Hüttentüre hinaus.

Tik-tak, tik-tak, tik-tak ... – begann nun der Wecker, durch die aufgezogene Feder zu neuem Leben erweckt, unüberhörbar seinen unermüdlichen Dienst, um uns das unaufhaltsame Vergehen der Sekunden, Minuten und Stunden aufzuzeigen. Wie im Rhythmus eines zu schnell schlagenden Herzens tickte und tackte der Zeitmesser. Wieder wurde ich an den Herztod des Bergwanderers erinnert, und auch das mit einer vertrockneten und verstaubten Silberdistel geschmückte Kruzifix im Herrgottswinkel mahnte mich, seiner zu gedenken.

Was hatte denn der alte Bepp mit der Uhr angestellt? Jetzt erst, aus meiner durch den schweren Rotwein etwas vertieften Meditation erwacht, erkannte ich, daß die eingestellte Uhrzeit und die Weckzeit überhaupt nicht stimmten. Wie mir ein Blick auf meine Armbanduhr bestätigte, war es bereits nach zweiundzwanzig Uhr – und der Wecker zeigte die vierte Stunde an. Schnell war mir klar, daß Bepp den kleinen Weckzeiger mit dem Stundenzeiger verwechselt haben mußte, aber bei genauer Betrachtung unter Zuhilfenahme der Hüttenbrille erkannte ich, daß der kleine Weckzeiger auf die elfte Stunde gestellt war. Das gab alles keinen Sinn.

Wo bleibt er denn eigentlich? sorgte ich mich, denn schon seit über einer Viertelstunde war er nicht in die Hütte zurückgekehrt.

»Hallo, Bepp!« rief ich in die Dunkelheit hinaus und vernahm nur das Rauschen des aufkommenden Windes, der die Kronen der Buchen leicht schwanken ließ, daß die durchschimmernden Lichter der tief drunten liegenden Gehöfte wie Blinklichter aufleuchteten.

Die beiden weißen angeschlagenen Emaileimer standen gefüllt in der Hütte. Zum Wasserholen konnte Bepp also auch nicht gegangen sein. Auch das Klohäuschen hinter der Hütte war mit dem Holzriegel von außen verschlossen. Ich begann mir wirklich Sorgen zu machen.

Wie ein Blitz schoß es mir durch den Kopf: Vielleicht liegt er irgendwo ganz in der Nähe? Vielleicht hat er einen Herzinfarkt erlitten? Abstürzen konnte man in diesem Gelände nicht, aber vielleicht war er in der Dunkelheit über eine Wurzel gestolpert und hat sich dabei den Kopf aufgeschlagen? Nur mit Mühe konnte ich diese Ängste verdrängen, die sich, geschürt

von der Geschichte um den verstorbenen Politiker, in mir aufbauten. Mir wurde klar, daß ich dem Bepp ohne meine Notfallkoffer gar nicht wirksam helfen könnte, wenn ihm tatsächlich etwas zugestoßen sein sollte.
Lautlos, wie ein heimlich herangewechseltes Stück Wild, stand er plötzlich vor mir, ohne daß ich hätte sagen können, aus welcher Richtung er gekommen war. Der Lichtkegel meiner Taschenlampe blendete ihn, und er kniff einen Moment die Augen zu. Müde und blaß sah er aus. Seine langen grauen Haare, die er sonst gepflegt in den Nacken gekämmt hatte, hingen ihm über die Ohren herunter, und einige zerzauste Strähnen fielen ihm über die Stirne ins Gesicht. Seine Augen, die sonst lebendig und wach leuchteten, hatten ihren Glanz verloren.
»Ja, Bepp, wo warst du denn?« fragte ich ihn mit gespielter Unbekümmertheit.
»Feit nix!« gab er halblaut zur Antwort, was soviel wie »Es geht mir gut« bedeuten sollte.
»I moan as Wedda schlogt um«, versuchte er mich abzulenken, dann tastete er sich langsam durch die Dunkelheit wieder in die Hütte zurück.
Bepps Liegestatt, ein altes eisernes Bettgestell mit einer von Mäusen angenagten dreiteiligen Roßhaarmatraze, stand im hinteren Raum der kleinen Hütte. Laut quietschten die Metallfedern auf, als sich der alte Jäger ins Bett fallen ließ, und bei jeder Drehung seines Körpers ächzte der metallene Rahmen. Mir gefiel die ganze Sache nicht. Komisch einsilbig war Bepp geworden. Dann war da die Sache mit dem Wecker – und nun legte er sich in voller Kleidung in seinem Jägergewand zu Bett. Lediglich die schweren Bergstiefel hatte er ausgezogen. Dabei lief früher das Zubettgehen auf der Hütte bei ihm stets nach einem ganz bestimmten Ritual ab. Die Schuhe wurden vor den Herd gestellt, Hemd, Bundhose und Kniestrümpfe zum Warmhalten fein säuberlich über die Ofenstangen gehängt. Dann schob er noch einen klobigen Fichtenklotz in die Feuerung, zog den Wecker auf und klopfte mit dem knochigen Zei-

gefinger dreimal gegen die Glasscheibe des mit kunstvollen Schnitzereien versehenen Barometers. War er mit dem Stand des Luftdruckzeigers gar nicht einverstanden, dann klopfte er noch ein viertes Mal, und zwar entschieden kräftiger dagegen, als wolle er das Barometer mit Gewalt zu einer besseren Wettervorhersage bewegen.

Eine Abendtoilette kannte er nicht. Morgens dagegen war es eine Freude, ihm zuzusehen, wie er geschickt mit seinem Dachshaarpinsel den Rasierschaum schlug und dann das scharfe Rasiermesser gegen den Strich mit einem Schwung vom Schlüsselbein bis unter die Unterlippe gleiten ließ.

Einmal waren wir bei seinem Jagdherrn, der während der Hirschbrunft mit seiner Gattin und Gästen auf der Nachbarhütte weilte, zum Mittagessen eingeladen. Wir hatten schon drei Hüttentage hinter uns, und da ich mich seit meinem ersten Oberlippenflaum ausnahmslos elektrisch rasiere und somit für die Rasur immer auf eine Steckdose angewiesen bin, sah ich nun zwangsläufig etwas ungepflegt aus. Heute würde man so etwas einen Dreitagebart nennen, und das ungepflegte Aussehen hätte seine Legitimation. Bepp legte damals großen Wert darauf, sich nur frisch rasiert an den Tisch seines Herrn zu setzen.

»Du brauchst di net rasiern! Bei dir machts nix aus, du bist ja a Gast!« beruhigte er mich. Er war seinem um viele Jahre jüngeren Jagdherrn treu ergeben, und obwohl sie sich dutzten, war es für ihn eine Selbstverständlichkeit, eine gewisse angebrachte Distanz zu wahren, besonders dann, wenn andere Gäste mit von der Partie waren.

Obwohl ich mich so sehr auf diesen Hüttenaufenthalt gefreut hatte, schlief ich schlecht und wünschte, ich läge zu Hause in meinem Federbett. Anfangs war es der laut tickende Wecker, dann Benedikts Gewohnheit, im Traum ganze Sätze zu sprechen, die mich nicht einschlafen ließen. Ich könnte nicht sagen, daß ich vor Mäusen Angst hätte, aber immer wieder schreckte ich auf, wenn ich einen dieser langschwänzigen nagenden Untermieter hinter der Wandverkleidung rascheln hörte. Ganze Mäusefamilien mußten sich hier seit dem Winter einquartiert haben, denn sobald es einigermaßen still in dem Hüttenraum war, konnte man sie in allen Ecken und über der Holzdecke hören, wie sie sich gegenseitig trieben, wieder irgendwo nagten oder sich dann in irgendeinem Eck zusammen »rudelten« (oder wie sagt man bei Mäusen?), um sogleich wieder hüpfend auseinanderzustieben. Ein schrecklicher Gedanke, wenn auch nur ein einziger dieser Nager auf die Idee gekommen wäre, jetzt meiner Matratze einen Besuch abzustatten, deren roßhaarige Füllung ihm während der letzten Monate vielleicht eine warme Herberge geboten hatte.

Nach Mitternacht stand Bepp das erste Mal auf. Es machte ihm offenbar Schwierigkeiten, sich aus den tief durchhängenden Matratzen zu erheben, denn das eiserne Bettgestell quietschte erbärmlich. Um mich nicht zu wecken, versuchte er leise an meinem Bett vorbei zur Türe zu kommen. Ich war hellwach, stellte mich aber schlafend, um ihm kein Problem zu machen. Irgend etwas stimmte mit ihm nicht. Nach kurzer Zeit kam er wieder herein, dann blieb er lange auf der Kante seines Bettes sitzen, doch schon bald zog es ihn wieder unruhig hinaus in die Dunkelheit, und hörte ich genau, daß er draußen vor der Türe mit sich selber sprach.

Mehrfach wiederholte sich dieses rastlose Hin und Her in dieser Nacht, aber irgendwann muß ich dann doch eingeschlafen sein.

Lange bevor der Wecker schepperte, wurde ich durch Bepps Hantieren am Hüttenherd wach. Ich stand rasch auf, denn ich erkannte, daß der alte Jäger überhaupt nicht in der Lage war, ein Feuer in Gang zu bringen. Mehrfach versuchte er mit Streichhölzern das Holz in Brand zu setzen, und obwohl die Flamme gar nicht auf die harzigen Scheiter übergriff, schob er immer wieder neue Stücke nach, bis nichts mehr in die Feuerung paßte. Schließlich gab er sein Vorhaben mit den Worten auf: »A Feier lohnt si eh nimmer. 'S wird Zeit daß mer gengan!« Das war natürlich Unsinn, denn es war erst drei Uhr, und vor halb vier wollten wir nicht aufbrechen. Benedikt, der zunächst

etwas Mühe hatte seine Augen aufzukriegen, schaffte es rasch, ein knackendes und fauchendes Feuer im Herd zu entfachen und das Wasser in dem kleinen blauen Emailhaferl zum Kochen zu bringen. Still schlürften wir den heißen, stark gezuckerten Tee.
»Wie hast denn g'schlafen?« fragte ich so beiläufig meinen alten Freund. Langsam führte er mit beiden Händen die Tasse zum Mund. Er nahm die linke Hand nicht deshalb zu Hilfe, weil an der alten Tasse der Henkel fehlte, sondern weil er ein Zittern seiner rechten Hand vor mir verbergen wollte.
»Is scho ganga! Feit nix!« Und wie er langsam an dem heißen Getränk nippte, sah ich, daß auch seine Oberlippe mit dem grauen Schnauzer zitterte.
Mit wenigen, raschen Handgriffen räumten Benedikt und ich die Hütte auf und packten alle unsere Sachen zusammen, denn nach der Sonnenbalz wollten wir über eine andere Route, die uns nicht mehr an der Lahnerhütte vorbeiführte, zum Wagen absteigen.
Als wir endlich gestiefelt und beladen aus der Hütte in die stockfinstere Nacht hinaustraten, erkannten wir im Licht meiner Stirnlampe, daß dichtester Nebel aufgezogen war. Diese Lampen nützten uns in diesem Falle nun überhaupt nichts, denn das von den Nebeltröpfchen reflektierte Licht blendete nur. Bepp hatte eine kleine Taschenlampe, eine kleine Funsel, wie man bei uns sagt, das Werbegeschenk irgendeines Autohauses, die nur einen schwachen Lichtschein hervorbrachte. Benedikts Taschenlampe, obwohl erst vor einer Woche vom fürsorglichen Vater mit neuen Batterien bestückt, schien nun schon zu Beginn unseres nächtlichen Aufstiegs ihren Geist aufzugeben. Kein Wunder, daß die Batterien jetzt schon am Ende waren, wo er doch die ganzen Abende vorher zu Hause vor dem Einschlafen übungshalber im Schein der Taschenlampe seine Comics gelesen hatte.
Langsam stieg Bepp voraus. Blind hätte man die ersten hundert Meter des Steiges gehen können, der wie ein kleiner Hohlweg angelegt war und somit ein Abtriften nach links oder

rechts unmöglich machte. Dieses erste Stück ging noch gut, aber dann zog sich der Steig zwischen Felsbrocken, umgestürzten Bäumen und glitschigen Wurzeln durch einen steilen Hang schräg nach oben. Der Nebel wurde wohl etwas lichter, und man konnte im Lampenschein wenigstens zwei bis drei Meter weit sehen, aber ein Steig war in dem Gewirr von Wurzeln, Stämmen und Steinen nicht mehr auszumachen. Schon oft hatte ich bei Dunkelheit den Weg von der Hütte zum Balzplatz droben auf der Alm im Schlepptau des alten Bepp zurückgelegt. Ihm konnte man blind vertrauen.
Zur Sicherheit riet ich meinem kleinen Sohn, er möge sich an meinem Bergstock festhalten und versuchen, immer nur in meine Spur zu treten. Bepp, von dem ich im Lichtschein meiner Stirnlampe nur die Beine und die schweren Bergstiefel sah, stieg langsam vor uns her, einmal nach links, dann wieder nach rechts ausholend dann wieder unschlüssig ein Stück bergabsteigend. So gut wie der alte Jäger kannte ich mich nicht aus, aber eines wußte ich sicher: daß der Steig von der Hütte zur Alm beinahe gerade ohne irgendwelche Serpentinen nach oben läuft. Jetzt wurde mir schlagartig klar, daß Bepp sich verlaufen hatte. Eine gute halbe Stunde hatten wir für den Marsch zur Alm veranschlagt. Nun waren wir schon beinahe eine Stunde unterwegs, und ich hatte allmählich das Gefühl, daß wir uns im Kreise bewegten. Auch Benedikt, der trotz seiner Jugend ein besonderes Gespür für gefährliche Situationen entwickelt hatte, merkte, daß hier etwas nicht stimmen konnte. »Papa, der kennt sich nicht mehr aus«, flüsterte er mir zu, und es war für mich nicht zu überhören, daß er gegen ein Weinen ankämpfte. »Schau doch hin, der kennt sich überhaupt nicht mehr aus!« jammerte der Kleine ängstlich und ließ seinen Tränen freien Lauf.
Die Batterien in Bepps Werbegeschenk waren am Ende. Ich gab ihm meine Stirnlampe und nahm nun in Kauf, daß ich gar nichts mehr sehen konnte, denn auch Benedikts Stirnleuchte hatte ihren Geist aufgegeben und flackerte nur noch schwach auf, wenn man sie gegen einen harten Gegenstand schlug.

Am Bergstock zog ich Benedikt zu mir her, legte meinen Arm um ihn und versuchte ihn zu beruhigen: »Du brauchst doch keine Angst haben. Irgendwann wird es hell. Dann ist vielleicht die Hahnenbalz schon vorbei, aber wir können uns wieder orientieren.«

»Hahnenbalz, Hahnenbalz, ... ich brauch' keine Hahnenbalz! Das war das erste und das letzte Mal, daß ich mit dir zur Hahnenbalz gehe!« schluchzte er trotzig auf, und um ganz ehrlich zu sein, mir wäre es in diesem Moment auch lieber gewesen, ich hätte irgendwo zu Hause in meinem bescheidenen Revier den Morgen abwartend auf einem Hochsitz gesessen, um dann beim Bäcker die frischen Brötchen zu holen.

Ich legte die beladene Rückentrage ab, setzte mich auf eine Wurzel, zog den Jungen zu mir her, und eng kuschelten wir uns unter meine Lodenkotze. Das oft dargestellte Motiv der Schutzmantelmadonna fiel mir ein. Auch bei Benedikt zeigte der schützende Mantel fast sofort seine beruhigende Wirkung.

Wie ein Irrlicht tanzte die Lampe des alten Jägesr zwischen den Bäumen im Nebel hin und her. Einmal sahen wir das milchige Licht links oben, dann wieder rechts unter uns und schließlich hinter uns aufleuchten. Bepp hatte total die Orientierung verloren. Was mich aber besonders beunruhigte war der Umstand, daß er es nicht zugab. Ziellos und orientierungslos zog er seine Bögen und Kreise, ohne auch nur ein einziges Wort über die Situation zu verlieren.

»Setz dich nieder!« forderte ich etwas unwirsch den Alten auf, als er endlich wieder, wahrscheinlich durch reinen Zufall, aus dem Nebel vor uns auftauchte. Folgsam setzte er sich wortlos zu uns.

Da – ich traute meinen Ohren nicht: – Puitz, puitz, quorr, quorr klang es plötzlich von oben an mein Ohr. »Benedikt! Schnepfen!« flüsterte ich ihm ins Ohr. Schnell sprangen wir auf und lauschten in die sich allmählich aufhellende Dunkelheit. Da war es wieder: – Puitz, puitz ... – und etwas zeitversetzt das warme, knarrende: Quorr, quorr ...

Bepp schien es nicht gehört zu haben, denn regunglos saß er neben uns und stützte seinen Kopf in beide Hände. Benedikts schlechte Laune und Bedrücktheit waren schlagartig verschwunden. Zum ersten Mal hatte er Schnepfen gehört. Auch meine Stimmung besserte sich, denn ich wußte nun, daß wir nicht mehr weit von der Alm entfernt sein konnten. Nun übernahm ich die Führung, und Bepp hatte nichts dagegen.

Ich packte meinen Sohn beim Arm und reichte dem alten Jäger die Spitze meines Bergstockes, an der er sich festhalten sollte. Meter für Meter stieg ich schräg bergan, und im mittlerweile schwachen auf den Boden gerichteten Lichtkegel meiner Stirnlampe erkannte ich nun alte, eingetrocknete Kuhfladen. Das erfüllte mich mit Zuversicht, denn sie zeigten die Nähe der Alm an. Allmählich begann es leicht zu dämmern. Ein seltsam diffuses Licht hüllte uns ein. Wie ein kleiner Trupp versprengter Soldaten auf dem Rückmarsch sahen wir aus, wie wir da so aneinandergehängt dahinstolperten, immer wieder innehaltend und lauschend.

»Pst! Hört Ihr was?« fragte ich meine beiden Begleiter, die mich ungläubig und fragend anstarrten. »Hörst du schon einen Hahn balzen?« wollte der Kleine wissen. Nein, das vertraute Zischen und Fauchen hörte ich nicht. Aber ich vernahm ein Geräusch, das in mir jede Furcht und Ungewissheit vertrieb: Ich hörte das ganz leise Plätschern eines Wasserstrahls – nein, keine Quelle, die sich über einen bemoosten Fels ergießt, sondern den Brunnen des Almkasers. Schnell eilte ich durch die allmählich heller werdende Nebelwand auf das immer lauter werdende Plätschern zu, daß Benni und Bepp Mühe hatten mir zu folgen. Wie eine Fata Morgana tauchte vor uns der niedrige, flache Giebel der Almhütte auf, unter deren vorgezogenem Schindeldach wir uns ursprünglich hatten ansetzen wollen. Wir waren endlich unversehrt am Ziel angekommen.

Erschöpft, aber erleichtert kauerten wir uns eingehüllt in die wärmenden Lodenkotzen an die windgeschützte Seite des aus Bruchsteinen zusammengefügten alten Kasers. Benedikt, der

sich eng an mich gelehnt hatte, kramte in den Taschen seines Anoraks nach der Schokolade, die er sich sozusagen als eiserne Ration schon zu Hause hatte einpacken lassen. Heimlich niedergeduckt wie ein Kinobesucher, der in der ersten Reihe, um ja niemanden zu stören, vorsichtig seine Bonbons von der Papierumhüllung befreit, packte er die Nougatschokolade aus. Laut raschelte das silbrige Schokoladenpapier in die Stille der Morgendämmerung hinein ... – und in dieses Knistern des Stanniolpapiers mischte sich das Fauchen eines balzenden Hahnes. Mit dem Ellenbogen stieß ich Benedikt, der sich gerade einen breiten Riegel Schokolade in den Mund schieben wollte, in die Flanke.

»Hahn!« flüsterte ich ihm zu, und unter ganz langsamen Kaubewegungen, aus Angst der vor uns eingefallene Hahn könnte sein Schmatzen hören, ließ er den süßen Brocken zwischen seinen Lippen verschwinden. Bepp, der neben mir saß, konnte den Hahn nicht hören, denn er war – zusammengekauert wie ein Penner unter einer Brücke – eingeschlafen.

Mittlerweile war es so hell geworden, daß wir meinten, die nun immer zahlreicher eingefallenen Hahnen unbedingt sehen zu müssen.

Endlich tauchte einer dieser schwarzen Ritter beim Flattersprung schemenhaft aus dem Nebelmeer auf, um sofort wieder darin zu versinken. Acht Hahnen glaubte ich an verschieden Stellen zwischen den Felsbrocken zu erkennen, aber vielleicht waren es auch nur vier, die ständig den Tanzboden wechselten. Nun war unser Bemühen zu guter Letzt doch noch reichlich belohnt worden.

Die Nebelschwaden verzogen sich allmählich, und als wir endlich freie Sicht auf die Alm hatten, war die Bühne wie leergefegt. Der wallende Nebel wich nicht etwa der aufgehenden Frühlingssonne, sondern machte Platz für dicke graue Regenwolken, die von Westen unaufhaltsam näherrückten. Als die ersten Regentropfen fielen, weckten wir den Bepp und sahen zu, diesen nun plötzlich wieder so ungastlich gewordenen Ort schnellstens zu verlassen. Wie Pferde, die den heimatlichen Stall wittern, legten wir eine schnellere Gangart ein, um unser Auto zu erreichen, dessen weißes Dach wir schon bald tief drunten auf dem Forstweg erkennen konnten.

Wie war das doch nochmal mit dem Krebs? Der jagt nur, weil es nach der Jagd auch ein Heimkommen gibt! In diesem Falle war mein »Wohn«wagen mein Zuhause. Handtuch, Wasser, Seife, trockene Kleider und trockene Schuhe erwarteten uns, und wir genossen es sehr, uns vor dem Wiedereintritt in die Zivilisation am Wagen waschen und umziehen zu können. Als wir dann langsam zu Tal fuhren, fand auch Bepp seine Sprache wieder: »Schadt, daß si aber a gar nix g'rührt hot drom af der Alm! I woaß a net wo die Luada heit bliebn san«, sinnierte er über das vermeintliche Ausbleiben der Hahnen.

Er hatte tatsächlich nichts von dem Balzmorgen mitbekommen, und ich hatte fest geglaubt, er hätte trotz seiner Müdigkeit immer wieder einmal aufgeschaut und gelauscht.

»Aber Bepp«, fragte ich ihn verwundert, »hast du denn die Hahnen nicht gesehen? Da warn doch jede Menge Hahnen da!«

»So? A geh weiter! I hab koan Hoh net g'seng. Kunnt sei, daß's für mi hinter an Stoa verdeckt warn!« versuchte er sich zu rechtfertigen.

Ich ließ ihn in diesem Glauben, und als ich ihn zu Hause ablieferte, da wurde mir klar, daß während der letzten Nacht eine seltsame Veränderung in ihm vorgegangen war. Er war nicht mehr in der Lage, aus den vier Schlüsseln, die zusammen mit einer kleinen Abwurfstange eines Spießers an seinem Schlüsselbund hingen, den passenden für die Haustüre herauszusuchen. Ich half ihm die Türe aufzuschließen, begleitete ihn noch bis in die Küche und heizte ihm den Ofen ein. Kalt war es in der Wohnung, denn Bepps Frau war über das Wochenende zur Tochter gefahren. Irgendwann im Laufe des Tages würde sie zurückkommen, meinte Bepp, der sich schon auf dem Küchensofa niedergelegt hatte, um den versäumten Schlaf nachzuholen. Ich packte ihn in eine dicke Wolldecke ein, die ich drüben in der Stube gefunden hatte, zog die buntgemusterten Vorhänge des Küchenfensters zu, und dann verabschiedeten wir uns.
»Wenns'd nächste Wocha Zeit hätts'd, nacha kunnt m'as no amal backa!« überlegte der treue alte Freund, dem immer viel daran gelegen war, mir ein besonderes Erlebnis zu bieten. »Schaun wir mal!« antwortete ich ihm, obwohl ich genau wußte, daß ich in den nächsten Wochen keine Zeit mehr haben würde, noch einmal mit ihm auf die Alm zu steigen.
Am folgenden Montag mußte ich mich wieder um meine Patienten kümmern und fand erst abends Zeit, beim alten Bepp anzurufen. Seine Frau war am Telefon. Sie schluchzte und konnte zunächst gar keine Antwort geben auf meine Frage, wie es ihrem Mann denn ginge.
Ich befürchtete das Schlimmste und machte mir schon die größten Vorwürfe, da konnte ich endlich in Erfahrung bringen, daß man den Bepp gestern abend noch ins Krankenhaus hatte bringen müssen. Spaziergänger im Dorf hatten den völlig verwirrten und orientierungslosen alten Jäger fast zwei Kilometer von seinem Haus entfernt aufgefunden. Dem diensthabenden Kollegen soll er im Notarztwagen auf die Frage, wo er denn hinwolle, geantwortet haben: »Auf die Alm, zu die Hohna!«

Zwei Wochen später wurde er nach der schier endlosen diagnostischen Tortur eines Großklinikums in die Obhut seiner Familie zurückgegeben. Bepps Frau konnte mit der Diagnose auf dem handschriftlichen Entlassungsbrief nichts anfangen und bat mich deshalb um eine Übersetzung der ärztlichen Hieroglyphen. Wir Mediziner verstecken uns gegenüber Angehörigen gerne hinter medizinischen Fachausdrücken, wenn es um die Erklärung eines Krankheitsbildes geht, das wir selbst nicht genau kennen. Ein lateinischer Fachausdruck klingt zumindest sehr gescheit, wenn auch oft nicht viel dahintersteckt. Noch interessanter kann man sich besonders auch gegenüber Kollegen machen, wenn man in Abkürzungen spricht. Da wird die Angina pectoris zur »AP«, das Hirnorganische Psychosyndrom zum »HOPS« und der Harnwegsinfekt zum »HWI«. Da aber kritischer betrachtet »HWI« auch Hinterwandinfarkt bedeuten könnte, hasse ich solche Kürzel, begegne ihnen mit größter Vorsicht und versuche sie wann immer es geht zu vermeiden. Auch der Krankenhausarzt des alten Bepp liebte es wohl, sich in Kürzeln auszudrücken, oder vielleicht hatte er auch zu wenig Zeit, um die Diagnose voll auszuschreiben.

Bepps Entlassungsbrief war zu entnehmen, daß man ihn wegen: »V.a. DAT« stationär behandelt habe, und als Medikation schlug man vor: »w.b.«!

Daß es sich bei dem alten Jäger um Gedächtnisstörungen und um Störungen der Orientierung handelte, war mir schon seit unserem letzten Hüttenaufenthalt klar, aber es kostete mich dennoch einige Überlegungen, den wirklich kurzen Brief zu interpretieren. »V.a.« war klar, das hieß »Verdacht auf«, und die angegebene Medikation mit »w.b.« bedeutete »wie bisher«. Beide Kürzel brachten somit kaum neue Erkenntnisse. »DAT« aber, und das bedrückte mich tief, steht für »Demenz vom Alzheimer-Typ«, die sogenannte Alzheimer Krankheit, jene chronisch und schleichend verlaufende Gehirnerkrankung, die mit einer zunehmenden Einschränkung der geistigen Leistungsfähigkeit einhergeht und schließlich zu einer starken Wesensveränderung führen kann.

Dieser Verdacht hat sich im Laufe der nächsten Monate erhärtet und bestätigt. Bepp hatte guten Appetit, konnte aber mit Messer und Gabel nichts mehr anfangen. Er war weiterhin für sein Alter bei guter körperlicher Konstitution, konnte aber keine geordnete Tätigkeit mehr ausführen. So war der Berggang zu den Hahnen auf die Lahneralm mein letzter Pirschgang mit ihm. Ich bin heute unendlich froh, daß ich damals meinen kleinen Sohn mitgenommen habe, damit er den Zauber und die Faszination eines Balzmorgens in den Bergen noch an der Seite des alten Bepp miterleben durfte.

Irgendwann im nächsten Jahr feiert der Bepp seinen achtzigsten Geburtstag. Oft geht er ruhelos in seinem Garten auf und ab, wie ein alter Tiger in seinem Käfig. Er rüttelt am verschlossenen Gartentor, dann treibt ihn wieder eine unsichtbare Kraft hinunter in den Keller, wo seine Werkbank steht. Die Stemmeisen, die Äxte und die Säge hält man zu seinem Schutz aber vor ihm verschlossen.

Vor wenigen Tagen habe ich Bepp wieder einmal angerufen, und auf meine Frage wie es ihm ginge, antwortete er nur: »Feit nix!«

Schicksalssymphonie

Die Musik hat neben der bildenden Kunst in meinem Leben schon immer eine ganz wichtige Rolle gespielt. Besonders die klassische Musik und die unverfälschte Volksmusik, zur Freude meiner Kinder aber durchaus zu ganz bestimmten Zeiten auch die Popmusik, ziehen mich in ihren Bann.

Als selbst praktizierender Musiker habe ich im Gegensatz zu meinem Brüdern, die als Organist, Cellist und Pianist Konzertreife erreicht haben, allerdings keine besonderen Verdienste aufzuweisen.

Neun Jahre lang quälte ich mich während meiner Gymnasialzeit mit meiner Geige herum, genoß beim alten Hellmann wöchentlich Violinunterricht und spielte Woche für Woche jeden Montag nachmittag die dritte Geige in unserem Schulorchester. Eigentlich mogelte ich mich sozusagen als musikalischer Hinterbänkler all die Jahre durch, denn heute kann ich es ja zugeben – ich kann keine Noten lesen!

Wohl wußte ich, welchen Finger ich bei welcher Note wo auf dem Griffbrett abzusetzen hatte, aber ich konnte die entsprechende Note nicht benennen. Das machte besonders dann Probleme, wenn der Dirigent sagte: »Wir setzen ein beim ›Dis‹ in Takt vier!« Da war ich aufgeschmissen. Zu meinem Glück war der Dirigent unseres Schulorchesters, der liebe, kleine Musikprofessor, gleichzeitig unser Kunsterzieher, und so färbte meine gute Note im Fach Kunst auch ein bißchen auf die Zensur im Fach Musik ab, obwohl ich mich auf der Tonleiter nur recht unsicher bewegte.

Zur Abschlußfeier unseres Abiturs spielten wir nach der feierlichen Überreichung der Reifezeugnisse ein Stück von Cesar

Bresgen, einem modernen Komponisten. Ob es an meiner enthusiastischen Freude über das Ende der Gymnasialzeit oder an der etwas disharmonischen modernen Komposition lag, die meine Mißgriffe auf der Geige nicht als Fehler erkennen ließen, sondern als vom Komponisten so gewollt dem Auditorium nahebrachten – jedenfalls war das Konzert ein voller Erfolg und zugleich mein letzter öffentlicher Auftritt mit meinem Saiteninstrument.

Ich holte die zarte Geige erst viele, viele Jahre später wieder aus dem angeschlagenen braunen, mit dunkelgrünem Samt ausgelegten Kasten hervor, als ich zusammen mit meinem Freund Ludwig, einem hervorragender Akkordeonspieler, bei den Schüsseltreiben im Gasthof zum Hirschen zur Erheiterung und Unterhaltung der angeheiterten Grünröcke aufspielte.

Ludwig und ich harmonierten prächtig, denn auch er konnte keine Noten lesen. Unser Repertoire reichte aber immerhin von der alten Wiener Schrammelmusik bis hin zu den bekannten Jägermärschen.

Der Höhepunkt eines jeden Schüsseltreibens war dann erreicht, wenn wir unseren Freund, den Grafen von der Recke begleiten durften, der als langgedienter Leutnant zur See zu vorgerückter Stunde seine Seemannslieder vortrug. Die Stimmung war nicht zu überbieten, wenn er als Jagdherr von einem Biertisch herunter sein donnerndes und zugleich wehmütiges »... einmal nach Sankt Pauli, einmal nach Hawai, nach Hawai ...« ertönen ließ und man ihm anmerken konnte, wie sehr er tatsächlich die Zeit, als er noch die Weltmeere durchfuhr, zurücksehnte. Bei einem dieser musikalischen Finale riß mir einmal eine Saite meiner Geige und bei einem Fortissimo sogar ein Büschel Roßhaare aus meinem Geigenbogen heraus, aber das störte uns nicht. Von da an war ich halt als der »dreisaitige Geiger« auf Treibjagden bekannt und geschätzt.

Malerei und Musik sind für mich seit jeher untrennbar miteinander verbunden. Es mag daran liegen, daß mein Vater in seinem lichtdurchfluteten stets nach Terpentin duftenden Atelier beim Malen immer eine Schallplatte mit klassischer Musik laufen hatte. Es war für mich immer wieder spannend, wenn er mir zu den Klängen einer Beethoven-Symphonie sein gerade fertiggestelltes Landschaftsbild interpretierte.

»Schau! Dort auf dem Hügel! Siehst du die Reiter dort kommen?« fragte er mich, und im erneuten Aufdonnern des Themas aus Beethovens Fünfter sah ich sie dann tatsächlich sich aus der blauen Verschleierung herauslösen und auf mich zugaloppieren. So sehr vermochte die Musik in mir Phantasien auszulösen und mir Bilder vor Augen zu führen – und das alles, obwohl ich keine Noten lesen kann.

Mein Vater konnte sogar, wenn er eine Landschaft betrachtete, die er malen wollte, die Farben in Musik umsetzen, und er hörte in seinem inneren Ohr ganze Symphonien. Anläßlich seines achtzigsten Geburtstages – es war die Zeit, als jeder Junge mit einem Kopfhörer auf den Ohren durch die Gegend lief – hatte ich diese Begabung einmal in einem humorvollen Gedicht angesprochen mit dem Reim:

»Ja meines Vaters Brillen taugen
für ihn als Walkman ... vor den Augen!«

Vivaldis »Vier Jahreszeiten« sind das beste Beispiel dafür, welch schöne Motive und Bilder Musik vor Augen zu führen vermag und daß es auch in der Absicht des Komponisten liegt, daß sich der Zuhörer bei bestimmten Melodien bestimmte Bilder vorstellt. Moderne Komponisten erschweren freilich diese optische Dimension, und ich nehme an, daß sie es auch gar nicht wünschen.

Meinem täglichen, unverzichtbaren Musikkonsum kam die Unterhaltungselektronik mit der Entwicklung eines CD-Spielers für das Auto sehr entgegen.

Unser erster Schallplattenspieler war eine denkbar einfache, auf einem Holzkästchen montierte Drehscheibe mit Tonabnehmer. Er war das Geschenk unserer Eltern für uns sieben Kinder zu Weihnachten im Jahre 1955. Zu den Klängen von Bachs Erstem Brandenburgischen Konzert, unserer ersten Schallplatte, zogen wir in das zum Weihnachtszimmer umfunktionierte Atelier unseres Vaters ein. Und da ich als der Jüngste von uns sieben immer diese festliche Polonaise anführen durfte, entdeckte ich auch als erster den Plattenspieler, auf dem sich die große schwarze Scheibe drehte und im Licht der vielen Kerzen funkelte. Die Brandenburgischen Konzerte sind seitdem für mich untrennbar mit Weihnachten verbunden, so daß ich sie während der übrigen Zeit des Jahres gar nicht hören möchte. An den festlichen Dezembertagen kann ich mich an diesen Bachschen Kompositionen nicht satt hören, denn sie versetzen mich jedesmal zurück in diese wunderschöne, unbeschwerte Kinderzeit.

Heute mache ich mir immer wieder einen Spaß daraus, während einer Autofahrt entsprechend zur Landschaft, die ich durchfahre, oder entsprechend der Stimmung, in der ich mich zur Zeit gerade befinde, eine bestimmte Musik, oder genauer gesagt eine bestimmte CD in die Stereoanlage meines Autos einzulegen.

Im digitalen Sound der vier Lautsprecherboxen wird der Fahrersitz zum Kinosessel und die Windschutzscheibe zur Breitleinwand, die vorbeieilende Landschaft mit ihren wunderschönen Farben und Stimmungen zu einem unwiederbringlichen Film. Oft fahre ich in mondhellen, schneereichen Winternächten ohne Waffe hinaus in mein Revier, um mir etwa zu den Klängen von Beethovens Mondscheinsonate einen solchen »Film« anzusehen.

Ein solcher nächtlicher Ausflug ist mir ganz besonders in Erinnerung geblieben: Ich hatte in meinem Revier endlich wieder einmal Sauen gespürt. Ein-, höchstens zweimal im Jahr ziehen sie vom Inn kommend durch die Dickungen meiner Jagd, liegen dort für ein paar Tage fest, um dann ruhe- und rastlos weiterzuwandern bis an die Ufer der Donau, wo sie dann möglicherweise den breiten Strom durchrinnend bis zu den Ausläufern des Bayerischen Waldes vordringen. Uralt müssen diese Wechsel sein, und es ist mir nicht ganz klar, wie dieses urige Wild trotz der breiten, gefährlichen Autobahn und trotz vieler Bahngeleise unbeirrbar, wie von einer unbekannten Macht geleitet, seine Richtung beibehält.

Für den diesjährigen kurzen Besuch der Schwarzkittel hatte ich mich schon im Sommer entsprechend gewappnet und vorbereitet. Im Fichtenaltholz des Brandgrabens, wo ich im Vorjahr ihre verräterischen frischen Trittsiegel in der matschigen Rinne des Holzabfuhrweges entdeckt hatte, baute mir ein handwerklich geschickter Jagdfreund im Tausch gegen ein von mir gemaltes Sauenaquarell eine geschlossene Kanzel. Die Holzläden der vier kleinen Schießluken waren von innen mit einem kleinen Holzriegelchen lautlos zu öffnen und mit einem winzigen Holzhebel, den man zwischen Laden und Fensterbrett klemmte, in einer bestimmten Stellung zu arretieren. Ein ausgedienter Bürodrehstuhl gestatte es, sich lautlos um die eigene Achse zu bewegen. Man durfte nur nicht den Fehler machen, sich endlos immer nur nach einer Seite zu drehen, denn sonst schraubte sich der Stuhl naturgemäß allmählich immer niederer oder höher, und man wunderte sich, wenn man plötzlich entweder nicht mehr über die Brüstung schauen konnte oder mit dem Hut gegen das Kanzeldach stieß. Ein alter Teppichboden diente als Auskleidung des behaglichen Kastens und sorgte für entsprechende Schalldämpfung. Stunden-, ja nächtelang hätte ich es bei heißem Tee aus der Thermoskanne und einer Tafel Schokolade in dieser Geborgenheit aushalten können. Zirka zehn bis fünfzehn Meter vor der auf hohen Stelzen stehenden Kanzel war durch den Windbruch des vorangegangenen Jahres eine kleine von Seegras bewachsene Blöße entstanden, in deren Mitte ich eine flache Mulde ausgehoben hatte, die ich mit Körnermais auffüllte und mit einem großen Wurzelstock abdeckte. Ein langer, armdicker Ausläufer dieses liegenden Wurzelstockes ragte wie ein überdimensionaler Zeigefinger in die Höhe und war von der nahe vorbeiführenden Waldstraße aus gut sichtbar. Sollten die Sauen den Wurzelstock umkippen, was sie zweifellos tun mußten, wenn sie an den Mais gelangen wollten, dann dürfte der Signalfinger nicht mehr zu sehen sein. Einige dicke Fichtenstämme bestrich ich mit dem allseits empfohlenen Buchenholzteer, der wie ein Magnet auf die Sauen wirken soll. Ich fand dies bestätigt, mußte aber auch in Kauf nehmen, daß mein Auto, auf dessen Boden mir ein wenig dieser schwarzen, zähen Brühe ausgelaufen war, beinahe ein Jahr bestialisch nach diesem Teer stank. Der Mais war nach ein- bis zwei Wochen regelmäßig verschwunden, obwohl der Wurzelstock unverändert über der Mulde lag und der Wurzelfinger noch immer wie ein Mahnmal in den Himmel zeigte. Mäuse hatten sich an drei verschiedenen Stellen an der dicken Wurzel vorbei kleine Röhren in das Maisdepot gegraben und Korn für Korn weggetragen, um sie in anderen Depots zu lagern. Die Vorstellung, wie sich die Mäuse in dem großen, mit goldgelben Maiskörnern angefüllten Bunker fühlen mußten, ließ mich schmunzeln: Sicher kamen sie sich vor wie Dagobert Duck, wenn er ein Bad in seinen zu Bergen aufgeschütteten Goldmünzen nahm.

Mehrere Wochen kirrte ich noch an, oder besser gesagt, ich fütterte die Mäuse, dann gab ich auf.

Anfang Januar, ich traute meinen Augen nicht, entdeckte ich bei einem Pirschgang, der mich an der Saukanzel vorbeiführte, daß der Buchenholzteer und die sich darunter befindliche Rinde an den Fichtenstämmen wie mit Stemmeisen abgeschoben war. Das waren keine Stemmeisen, sondern das mußten die Waffen eines Keilers gewesen sein! Rasch beschickte ich die Erdmulde wieder mit frischem Mais, setzte den Wurzelstock mit dem Meldefinger darauf und ölte droben in der Kanzel den eisernen Bürodrehstuhl. Schon am nächsten Morgen fand ich mit dem Glas den zum Himmel ragenden Wurzelfinger nicht mehr. Das Gebrech eines wie ich annahm starken Keilers hatte die Wurzel weggeschoben und die Erdmulde nicht nur geleert, sondern auch so stark darin gebrochen, daß ein richtiger Krater entstanden war. Wieder füllte ich das Erdloch mit Mais auf und deckte es mit Ästen und Reisig ab. Heute abend wollte ich mein Glück versuchen.

An diesem Abend ging der schon leicht abnehmende Mond laut Kalender um viertel vor zwanzig Uhr auf. Obwohl kein Schnee lag, mußte das Licht ausreichen, zumal das trockene, vom letzten Schnee hingewalzte hellgelbe Seegras vor der Kanzel einen guten Kontrast gab.

Für die etwa zwanzigminütige Fahrt ins Revier wählte ich angesichts des allmählich über dem dunklen Horizont emporsteigenden Mondes, vor den sich immer wieder dunkle, tiefblaue bis schwarzblaue Wolken schoben, die fünfte Symphonie Beethovens in einer Interpretation der Berliner Philharmoniker unter Herbert von Karajan.

Als Student in Berlin hatte ich einmal das große Glück gehabt, in der Philharmonie billig eine Karte für dieses Konzert in eben dieser Besetzung zu ergattern. Tief beeindruckt und bewegt war ich von diesem Werk und seinen Interpreten, und ich träumte davon, einmal Dirigent sein zu dürfen, der diese gigantische Komposition in eine gewisse Körpersprache umsetzen kann.

Hätte man mich jetzt vor die Wahl gestellt, entweder im Konzert zu sitzen und dabei von einem Sauansitz zu träumen oder aber auf dem Weg ins Revier sich von dieser Musik auf einen dramatischen Sauansitz einstimmen zu lassen, dann hätte ich mich ohne Zögern für das Letztere entschieden. Ich war glücklich!

Der erste Satz Beethovens wohl bekanntester Symphonie beginnt sofort unisono mit den intensiv hämmernden Schlägen, die das Werk so berühmt gemacht haben und die sich in ihrer rhythmischen Eindringlichkeit nicht nur durch das Hauptthema ziehen, sondern im gesamten ersten Satz immer wieder auftauchen. Zu dem zweiten, gesanglicheren Thema der Symphonie stehen sie im starken Kontrast und erzeugen so eine nicht zu beschreibende Spannung.

Ich verringerte mein Fahrtempo, um diese Musik in der Stimmung einer zum Teil wolkenverhangenen Mondnacht voll auszukosten. Wie gespenstische Reiter und Fabelwesen standen die dunklen Wolkenfetzen am mondhellen Firmament, schoben sich übereinander, formten sich so zu einer neuen Spukgestalt und lösten sich wieder auf. Auf dem Weg vom Auto zur Kanzel sah ich zwischen den Wipfeln der schwarzen Fichten immer wieder nach oben, und unaufhaltsam und eindringlich glaubte ich noch die intensiven, hämmernden Schläge des ersten Satzes zu hören.

Jagderlebnisse, und mögen sie auch noch so gering und unbedeutend erscheinen, sind mir immer eine kleine Eintragung in mein Tagebuch oder zumindest eine kleine Notiz im Kalender wert. Besondere Erlebnisse dagegen finden auf mehreren Seiten meiner Revierchronik in epischer Breite ihren Niederschlag.

Unter dem Datum jenes zehnten Januar des Jahres 1993 findet sich in meinen Aufzeichnungen folgender Eintrag:
– Bei der Saukanzel herrscht noch tiefe Finsternis. Dunkle Wolken haben sich vor den Mond geschoben. Im Geiste höre ich noch die Fünfte von Beethoven und werde durch Glockenschläge der Kirner Kirche in die Wirklichkeit zurückgeholt. Es

ist zwanzig Uhr und dreißig Minuten. Gegen einundzwanzig Uhr glaube ich in der Fichtendickung zu meiner Linken ein ständiges Rascheln zu hören. Die Turmuhr von Kirn schlägt neun Mal. Der letzte tönende Glockenschlag ist noch nicht verklungen, da jagt mir ein deutlich vernehmbares Knacken den Pulsschlag in die Höhe. Schwere Tritte auf trockenem, dürrem Geäst vernehme ich. Sie kommen zügig näher und sind im Nu ganz nahe bei der Kanzel hörbar. Längst habe ich den Mannlicher entsichert. Immer gelang dies sonst lautlos. Heute geschieht dieser vielhundertfach erprobte Handgriff mit einem verräterischen, metallischen Klicken. Mein Puls legt noch zu. Ich höre das knackende Geräusch von trockenen Maiskörnern, die zwischen den Zähnen der Sau zermahlen werden. Wenn ich nur was sehen könnte! Der Mond steht noch tief, und sein hilfreiches Licht kann noch nicht von oben herab durch die Wipfel dringen. Jetzt nur nicht mit der Büchse irgendwo anstoßen! Vorsichtig führe ich mit der linken Hand das Fernglas an die Augen, die rechte hält den Mannlicher fest umklammert. Oh, Heiliger Hubertus! Schemenhaft erkenne ich die sich nur schwach abhebende Silhouette einer Sau von rechts. Ganz vorsichtig auf die kleine Blöße ziehen. Vor den Prügeln, die ich heute nachmittag über die Kirrung gelegt habe, schreckt sie wie ein scheuendes Pferd und macht einen Satz zurück in die Dunkelheit des Waldes, kommt aber sofort wieder, geradezu schleichend, mit tief getragenem Gebrech an die Kirrung gezogen. Die Büchse ist im Anschlag. Im Zielglas erkenne ich nur einen dunklen Schatten. Lautlos rastet der Stecher ein. Ich halte den Atem an und krümme den Abzugsfinger. Erlösend zerreißt der Schuß die spannungsgeladene Stille. Schon ist das Glas an den Augen. Durch das Mündungsfeuer noch geblendet, kann ich nichts erkennen, aber ich höre das Klappern aufeinanderschlagender Zähne. Im Lichtkegel meiner Stirnlampe sehe ich den Keiler am Anschuß liegen. Mit zitternden Händen schalte ich das Lämpchen aus und lausche in die Dunkelheit. Meine Ohren dröhnen noch von dem lauten Knall des Büchsenschusses – und da ist es wie-

der, das intensive Thema der Beethovenschen Symphonie, der Schicksalssymphonie. Ich freue mich und strahle und dennoch schnürt mir etwas die Kehle zu. Laut sage ich in die Nacht hinein: »Danket, danket dem Herrn, denn er ist so freundlich und seine Güte währet ewiglich! Ich habe eben in meinem geliebten Revier einen Keiler zur Strecke gebracht!«

Das Haupt dieses Keilers hängt heute präpariert über dem Eingang zu meinem Atelier, und Besucher reagieren verwundert, wenn ich ihnen erzähle, daß mich dieser Keiler, sooft ich ihn betrachte, an Beethoven erinnert.

Die Katze
der Hedwig Pollinger

In unserer Gemeinde sorgte vor einiger Zeit die Idee einer tierlieben Frau, am Ortsrand einen Friedhof für Hunde und Katzen errichten zu wollen, für reichlich Diskussionsstoff. Die örtliche Presse veröffentlichte die Stellungnahme des Bürgermeisters, berichtete ausführlich über die Sitzung des dafür zuständigen Ausschusses im Rat der Stadt und ließ in Interviews Passanten über das Für und Wider einer weihevollen letzten Ruhestätte für treue Vierbeiner zu Wort kommen. Eine wahre Flut von Leserbriefen türmte sich auf den Schreibtischen der Lokalredaktion. Ich hatte meine Freude daran zu lesen, wie sich die lieben Mitbürger ereiferten. Die Befürworter machten vor allem geltend, daß der Ort durch eine solche wohl einmalige Anlage an Attraktivität gewinnen könnte, daß dem Stadtsäckel durch entsprechende Gebühren beträchtliche Einnahmen winken und daß, je nach Größe der Anlage, ein oder zwei neue Arbeitsplätze entstehen würden. Die Gegner des Vierbeinerfriedhofes taten die Idee einer derartigen letzten Ruhestätte als Spinnerei einiger alter Jungfern ab und sahen darin eine Geschmacklosigkeit ohnegleichen. Eine Leserbriefschreiberin, die sich sonst durch ganz eifrige Kirchgänge hervortat, meinte gar: Hunde und Katzen eingraben – ja! Aber nicht unter dem christlichen Symbol des Kreuzes! Ein Hundesarg mit dem Kreuz darauf, das sei Gotteslästerung!
Der Auffassung, daß das Kreuz als Zeichen der Erlösung einem verendeten Haustier nicht zustünde, schloß sich auch der Herr Pfarrer an, auf dessen Meinung zu diesem heiklen Thema ich schon lange gewartet hatte. Jetzt nahm die öffentliche Diskussion Formen an, die mich nicht mehr heiter, son-

dern sehr nachdenklich stimmten. Wenige Wochen, bevor ein Friedhof für Haustiere überhaupt Thema war, hatten wir unsere zehnjährige Cockerhündin Filli verloren. Der Schmerz über den Tod dieser jagdlich wohl ambitionierten, mehr aber den Annehmlichkeiten eines behaglichen Heimes zugetanen Stöberin war groß.

Filli war neben den anderen Hunden mit unseren Kindern aufgewachsen, gehörte zur Familie und war ein herzensguter – beinahe hätte ich geschrieben: Mensch – Hund. Sie hatte einen schweren Herzklappenfehler, der ihren Körper mehr und mehr schwächte, und wir wußten seit längerem, daß sie uns bald verlassen würde. Jeden Morgen der besorgte Blick in ihr Körbchen, dann die Erleichterung, wenn sie leise und kaum vernehmbar mit der kurzen, langbehaarten Stummelrute ihr »Keine Sorge, ich lebe noch!« klopfte.

Irgendwann war es dann soweit. Ich wachte an diesem Morgen früher als gewöhnlich auf und ich hatte so eine Ahnung, oder genauer gesagt, ich wußte, daß sie nicht mehr lebte. Ich fand ihr Körbchen leer. In ihrer schwersten Stunde hatte sie nicht alleine bleiben wollen und sich nebenan zu der Drahthaar-Hündin Asta mit in den Korb gelegt.

Behutsam wickelte ich den kalten, schlaffen Körper in eine Wolldecke, drückte ihn noch einmal an mich und trug ihn hinaus in den Garten, der Fillis Reich gewesen war. Ich mußte mich beeilen, ihr unter dem großen Kirschbaum eine tiefe Grube auszuheben, denn ich wollte damit fertig sein, bevor die Kinder aufwachten. Später führte ich sie zu dem kleinen Erdhügel unter dem die Hündin nun ruhte, und jeder konnte Abschied von ihr nehmen.

In den folgenden Tagen versuchten wir möglichst wenig über Filli zu sprechen, um bei den Kindern den Schmerz nicht wieder von neuem aufzuwühlen. Bei meinen Rundgängen durch den Garten registrierte ich später, daß die Kinder mindestens einmal am Tag den kleinen Hügel mit frischen Blumen und Tannenbrüchen schmückten. Auch ich ertappte mich dabei, daß ich der Hündin, sooft ich an ihrem Grab vorbeikam, ein paar Worte zuflüsterte, wie: »Na, du Alte, wo magst du jetzt sein?«, und Benni hatte nach der Schule aus Holzresten ein schlichtes Kreuz zusammengezimmert, das er seiner geliebten Filli auf das Grab steckte. Wir sprachen nicht darüber, aber jeder hatte auf seine Weise Trauerarbeit geleistet und kam mit der Zeit über den Verlust des treuen Vierbeiners hinweg. Der Grabhügel ist mittlerweile kaum noch zu erkennen, aber das Kreuz erinnert uns immer an Filli, sooft wir in den Garten kommen.

Die Westfassade meines Elternhauses zierte früher ein Wandgemälde meines ältesten Bruders, der sich schon in jungen Jahren einen Namen als Kirchenmaler gemacht hatte. Es stellte den auf einem Stein sitzenden Heiligen Franziskus von Assisi dar, wie er den Vögeln und den Tieren des Waldes predigte. Füchse, Rehe, Hasen und am rechten unteren Bildrand auch ein Igel lauschten dem Evangelium des bärtigen Heiligen, auf dessen Schultern ganz aufmerksam ein Rabe saß. Auch unsere Schäferhündin Asta hatte mein Bruder nicht vergessen in das Gemälde miteinzubeziehen. Er setzte sie zu Füßen des Heiligen, dessen gütige Hand er auf ihrem Kopf ruhen ließ. Mich hat dieses Bild als kleinen Jungen immer sehr beeindruckt und frühzeitig in dem Glauben bestärkt, daß unser Gott ein Gott für alle Geschöpfe ist.

So bekamen auch alle unsere Haustiere, die unser Herz erobert hatten, die mit uns lebten und die ich irgendwann einmal begraben mußte – ganz gleich ob Meerschweinchen, Wellensittich, Dohle oder Hund –, ein Kreuz als Zeichen der Erlösung auf ihr Grab gesteckt. Manch einer mag darin eine kultische Handlung sehen oder eine Vermenschlichung von Tieren. Der Gotteslästerung lasse ich mich aber deshalb nicht bezichtigen!

Ich möchte damit zum Ausdruck bringen, daß ich viel Verständnis für Menschen aufbringe, die in Ermangelung eines eigenen Gartens ihr verstorbenes Haustier auf einem speziell dafür geschaffenen Tierfriedhof beisetzen lassen wollen. Sicher kann in Einzelfällen ein besonderer Kult damit getrieben werden. Aber wenn es der Bewältigung und Überwindung der Trauer und des Schmerzes dient – dann soll es doch recht sein.

Aus dem Tierfriedhof in unserem Ort ist, mangels eines geeignetes Grundstückes, nie etwas geworden.

Wie sehr auch Hunde und Katzen leiden können, wenn sie durch den Tod ihres Herrchens oder Frauchens plötzlich alleine und verlassen sind, das ist durch viele rührende Geschichten und Berichte belegt. Von Hunden, die das Grab ihres Herrchens besuchen, von Katzen, die vor Gram über den Verlust des Frauchens eingegangen sind, ist immer wieder in Illustrierten zu lesen, und ich gestehe – so etwas rührt mich an. Obwohl ich kein ausgesprochener Katzenfreund bin, achte ich diese intelligenten Wesen und sehe die Notwendigkeit schon lange nicht mehr, sie bei jeder sich bietenden Gelegenheit im Revier unter Beschuß zu nehmen. Alleine der Gedanke, mit dem Töten einer streunenden Katze vielleicht irgendeinem Menschen Schmerz zuzufügen, läßt mich ein Auge zudrücken, auch wenn so ein »Stubentiger« noch so lüstern durch mein Revier schleicht.

Im sonntäglichen Notfalldienst wurde ich einmal zu einer Familie gerufen, weil die kleine Tochter des Hauses, deren Katze schon seit drei Tage abgängig war, von Weinkrämpfen nur so geschüttelt wurde. Das Mädchen litt unendlich unter dem Verlust des Tieres, verweigerte die Nahrung, und ich hatte Mühe die Kleine auch nur einigermaßen zu beruhigen. Ich wußte, daß wenige Tage vorher am Ortsrand eine Treibjagd abgehalten worden war, und es war nicht auszuschließen, daß ein raubzeugscharfer Jagdhund die Mieze irgendwo in einem Rapsfeld gestellt und abgebeutelt hatte. Vom Jagdherrn wußte ich, daß er stets die eingeladenen Schützen vergatterte, nicht auf Katzen zu schießen. Als Landwirt schätzte er die samtpfotigen Mäusevertilger, und aus Abneigung gegen Gift hielt er sich in Haus und Hof immer eine stattliche Zahl dieser »biologisch-dynamischen Mausefallen«. Ich habe die Geschichte mit der kleinen Patientin nicht weiter verfolgen können, habe aber seitdem ein ganz anderes Verhältnis zu diesen schleichenden Räubern, wenn sie mir draußen begegnen.

Den Lebensweg einer Haus- und Hofkatze konnte ich einmal über Jahre aus nächster Nähe verfolgen. Die Katze gehörte der Pollinger Hedwig, einer alten und kranken Häuslerin, die einsam in ihrem kleinen, direkt an einer stark befahrenen Bundesstraße gelegenen Häuschen, einem sogenannten Sacherl, lebte und von mir über viele Jahre ärztlich betreut wurde. Hedwig hatte eine schwere Arthrose beider Kniegelenke und litt seit Jahren an einer globalen Herzinsuffizienz,

die bei ihr immer wieder schwere Atemnotsanfälle auslöste und so meine Besuche zu allen möglichen und unmöglichen Tages- und Nachtzeiten erforderlich machte. Dabei gehörte es während der Wintermonate auch zu meinem ärztlichen Handeln, daß ich erst einmal Holz aus dem Schuppen holte und ihr ein wärmendes Feuer im Herd machte, obwohl die ärztliche Gebührenordnung, die sonst alles genau auflistet, dafür keine Abrechnungsnummer aufweist.

Die Schwere ihrer Erkrankungen hinderte Hedwig Pollinger jedoch nicht daran, sich in der ehemaligen Waschküche des kleinen Anwesens zwei Schweine zu halten, deren Ausdünstungen sich penetrant und oft unerträglich im ganzen Haus breitmachten. Auf zwei alte Haselnußstöcke gestützt, die gegen das Abrutschen mit Gummikappen versehen waren, bewegte sie sich humpelnd durchs Haus. Stets lehnte sie fremde Hilfe ab. Nur einmal im Monat nahm sie die angebotene Hilfe der Nachbarin an, wenn sie sich in deren Auto zum Supermarkt mitnehmen ließ, wo sie sich auf einen Einkaufswagen gestützt von Regal zu Regal schob, um ihre Lebensmittel zusammenzusuchen.

Bewohnbar war im ganzen Haus nur die Küche. Hier kochte Hedwig für sich, und hier dämpfte sie die Kartoffeln für ihre Schweine, hier wusch sie ihre Wäsche, hier verbrachte sie den Tag und auf einem alten Kanapee auch die Nacht – und hier punktierte ich ihr alle paar Wochen ihre schmerzhaften Kniegelenksergüsse. Jedem klinisch tätigen Arzt würden die Haare zu Berge stehen, müßte er unter solch unhygienischen Bedingungen ein Gelenk punktieren. In diesem Fall ließ es sich nicht anders machen – und es ging immer gut.

An den starken Verkehrslärm der Bundesstraße hatte sich Hedwig im Laufe der Jahre gewöhnt. Die dicken vorbeidonnernden Lastzüge, die in den kleinen Küchenfenstern die Scheiben vibrieren ließen, hörte sie nicht mehr. Ich empfand es jedesmal als sehr bedrohend, wenn die PKWs mit hoher Geschwindigkeit ganz dicht am Haus vorbeipfiffen und regelrechte Druck- oder Sogwellen erzeugten, die den Staub vor

der Haustüre aufwirbelten. Hedwig nahm diese Lärmbelästigung gar nicht mehr war, obwohl sie noch ein sehr gutes Gehör hatte.

An einem warmen Sommertag hatte sie die Haustüre einmal offen stehen lassen. Auf ihrem Kanapee sitzend, hörte sie um die Mittagszeit ein Auto heranfahren, welches kurz vor dem Haus seine Geschwindigkit verringerte. Dann vernahm sie im Hausflur einen sanften, dumpfen Aufschlag, so als ob man ihr etwas in den Flur geworfen hätte. Mit laut aufheulendem Motor entfernte sich das Auto schnell und war längst verschwunden, als sich Hedwig endlich mühsam vom Lager hochgerappelt hatte, um einen Blick aus dem Fenster zu werfen. Am Küchenherd und am Küchenbuffet sich entlanghangelnd, schlurfte sie in den Flur hinaus und fand dort ein kleines, völlig verstörtes schwarzes Kätzchen verängstigt in der Ecke sitzen.

Als ich Hedwig am darauffolgenden Tag besuchte, erzählte sie mir ganz entrüstet von diesem Vorfall. Irgendwelche Menschen hatten ihr das Tierchen einfach im Vorbeifahren in den Hausflur geworfen und sich so eines unerwünschten Katzennachwuchses entledigt. Hedwig war richtig aufgebracht über soviel Unverfrorenheit und Herzlosigkeit. Sie schimpfte ganz fürchterlich und glaubte auch schon einen Verdacht zu haben, wer die Übeltäter gewesen sein könnten. Dann fing sie an zu sinnieren, was aus den anderen Kätzchen wohl geworden sein mochte, bedauerte die armen Geschöpfe und liebkoste zärtlich deren Schwester, die auf so unsanfte Weise bei ihr gelandet war sich jedoch schnell bei ihr eingelebt und schon gemütlich auf dem Kanapee eingerollt hatte.

»Na, die werden sich schon was dabei gedacht haben, daß sie das Kätzchen zu dir in den Hausflur geworfen haben. Sie hätten es ja auch bei deiner Nachbarin abladen können!« versuchte ich sie an ihrer Ehre zu packen. Das wirkte! Ja bei der Nachbarin, da wäre es dem armen Geschöpf schlecht ergangen, denn die wäre ja so garstig zu den Tieren und außerdem sei sie so geizig, daß sie jede Mark »derbarmen« würde, die sie für Katzenfutter ausgeben müßte, ereiferte sich Hedwig, und ich wußte nun, daß die kleine Katze für immer hierbleiben konnte.

Es war köstlich mitanzusehen, wie sich die alte, schwer gehbehinderte Frau mit dem Kätzchen abgab. Überall in der Küche standen Tellerchen, Näpfchen und Döschen mit Futter, Milch und besonderen Leckerbissen. Die Fenstergardine war heruntergerissen, und lange, bunte Wollfäden hingen aus dem Nähkästchen und spannten sich von einem Tischbein zum anderen. Die pergamentartige glänzende Haut von Hedwigs Händen und Unterschenkeln war von zarten Kratzspuren übersät. Es war gar nicht so leicht, die Alte von der Notwendigkeit einer Tetanusimpfung zu überzeugen. »Jetzt bin ich schon so alt geworden – jetzt machen mir die paar Kratzer auch nichts mehr aus«, sagte sie widerwillig, als ich ihr die Impfung verpaßte.

Bezüglich ihrer Lebenserwartung konnte man ihr sowieso nichts vormachen. Immer wenn es ihr schlecht ging und sie wieder unter einer starken Atemnot litt, dann jammerte sie nicht, sondern lobte meine Bemühungen und gab mir aber auch unmißverständlich zu verstehen, daß sie nichts dagegen hätte, wenn ich sie endlich sterben lassen würde. Seitdem die Katze im Hause war, ein Geschöpf, das sie umsorgen und mit dem sie sich auf ihre Weise unterhalten konnte, hielt sie sich mit derartigen Äußerungen jedoch zurück. Von einer gewissen Todessehnsucht war bei ihr nichts mehr zu spüren. Auch körperlich fühlte sie sich wohler, und sie ließ sich von nun an zweimal im Monat in den Supermarkt fahren, denn sie hatte ja jetzt einen »Zwei-Personen-Haushalt« zu versorgen. Ganze Säcke voll mit Katzenstreu und große Kartons mit Dosenfutter lagerte sie im Hausflur ein. Da zerbrechen wir Mediziner uns

den Kopf, verordnen teuere Medikamente, deren Wirkung oft fraglich ist und die wegen ihrer unerwünschten Nebenwirkungen wenn überhaupt, dann nicht regelmäßig eingenommen werden, und es gelingt uns nicht oder nur selten, beim Patienten wieder neuen Lebensmut und neue Freude am Leben zu erwecken. Dann kommt auf vier samtigen Pfoten eine kleine schwarze Katze geschlichen – und schafft genau das im Handumdrehen!

Obwohl Hedwig ihn früher negiert oder auch gar nicht mehr registriert hatte, machte ihr der Verkehr vor ihrem Haus nun große Sorgen, stellte er doch eine wirkliche Gefahr für die Katze dar. Als ob die Autos erst seit einigen Wochen hier vorbeiführen, so schimpfte sie nun über die Raser, und sie sprach sogar davon, daß sie jetzt bald einmal einen von diesen Rowdies anzeigen würde.

Im darauffolgenden Herbst war ich zur Feldtreibjagd auf Hasen eingeladen. Ein Trieb erstreckte sich vom bewaldeten Hang der »Leiten« bis vor zur Bundesstraße in unmittelbare Nähe von Hedwigs Haus. Es war immer eine schöne, abwechslungsreiche Jagd mit vielen Fasanen in den Senfäckern und in dem Gestrüpp der Leiten. Obwohl auf den Sturzäckern immer viele Hasen lagen, mochte ich diesen Trieb wegen seiner Nähe zur Bundesstraße nicht. Jahre zuvor hatte ich große Mühe, meine Drahthaarhündin zurückzupfeifen, als sie einen Hasen in Richtung auf die stark befahrene Straße hetzte. Der Hase lavierte sich todesmutig zwischen den heranbrausenden hupenden Autos hindurch, und Asta ließ gottlob rechtzeitig von ihm ab.

Jetzt stand ich wieder als Schütze mit geladener Flinte nicht weit von der Straße entfernt auf einem Feldweg. Asta war zu diesem Zeitpunkt schon so alt, daß ich sie nicht mehr auf eine Treibjagd mitnehmen konnte. Zur allgemeinen Erheiterung der anderen Jäger saß neben mir nicht wie gewöhnlich mein Hund – sondern plötzlich Hedwigs Katze. Sie hatte offensichtlich einen kleinen Streifzug unternommen, mich eräugt, und da sie mich kannte und offenbar nicht unsympathisch fand,

war sie von mir unbemerkt im Schutz einer dichten Wildrosenhecken herangewechselt. Schnurrend rieb sie sich an meinem rechten Gummistiefel schwänzelte zwischen meinen Beinen hin und her und nahm endlich wieder Kurs auf ihr Zuhause. Alle hatten es gesehen – Jäger mit Katze auf dem Anstand! Mir war das beinahe ein bißchen peinlich, und es brachte mir abends beim Jagdgericht neben höhnischem Gelächter auch eine entsprechende »Strafe« ein.

Im Herbst, rechtzeitig vor Weihnachten, hatte sich Hedwig schweren Herzens von ihren Schweinen getrennt, weil ihr das Füttern und Misten doch zuviel geworden war. Der Metzger hatte die beiden abgeholt und wenige Tage später eine Schweinehälfte, die sich Hedwig ausbedungen hatte, fein säuberlich zerlegt in einer Plastikwanne zurückgebracht. Ein großes Nackenstück und mehrer Koteletts hatte Hedwig für mich extra in Folie einschweißen lassen. Ich wußte, daß ihre Schweine kein Tiermehl, sondern nur das beste Futter bekommen hatten, und so nahm ich den Braten dankbar an.

Hedwigs ganze Liebe und Fürsorge galt nun nur noch der Katze, aber durch den penetranten Stallgeruch, der sich noch recht lange im Haus hielt, brachten sich auch die beiden Schweine immer wieder in Erinnerung.

Im Frühjahr wurde Hedwig wegen einer Lungenstauung vom diensthabenden Notarzt ins Krankenhaus eingewiesen. Sie kam nicht mehr nach Hause. Schon wenige Tage später war sie auf der Intensivstation verstorben.

Ich wußte gar nicht, daß Hedwig eine Tochter hatte, aber in der kleinen Todesanzeige war zu lesen: »Ein treues Mutterherz hat aufgehört zu schlagen«, und unter der Rubrik »In stiller Trauer« las ich den Namen einer mir nicht bekannten Frau. Sie war Hedwigs Tochter, zu der sie offenbar kein besonders gutes Verhältnis gehabt und von der sie mir aus diesem Grunde wohl auch nie etwas erzählt hatte.

»Na, die Katze ist versorgt«, dachte ich mir erleichtert, als ich im Vorbeifahren an Hedwigs Haus einen kleinen Transporter stehen sah, der von einem korpulenten Mann und einer etwas schlampig aussehenden Frau mit Hedwigs Hausrat beladen wurde. Sie mußte die Tochter sein, die sich all die Jahre ausgesprochen rar gemacht hatte. Die beiden waren gerade dabei, einen alten, braun gestrichenen Bauernschrank in den Wagen zu hieven.

Als ich auf dem Rückweg wieder vorbeikam, erinnerte nur noch ein am Straßenrand aufgeschichteter Haufen Unrat an Hedwigs Leben in diesem Haus. Die Gardinen waren von den Fenstern genommen, und auch den kleinen grünen Briefkasten hatten die Erben von der Türe abmontiert. Irgendwann nach Tagen wurde der Sperrmüll abgeholt, und alle Spuren Hedwigs waren beseitigt.

Obwohl ich mehrfach täglich die Bundesstraße befahren mußte und an dem leerstehenden Haus oft vorbeikam, dachte ich nur noch selten an die alte Frau, bis ich sie schließlich fast ganz vergessen hätte, wäre da nicht eines Tages ein kleines, dunkles Etwas mitten auf der Straße gelegen – Hedwigs Katze! Ich fuhr rechts ran, schaltete meine Warnblinke ein, zog aus meinem Koffer ein Paar Plastikhandschuhe und barg im größten Feierabendverkehr den leblosen Tierkörper. Schweiß war der Katze aus Maul und Nase geronnen, aber sonst zeigte sie keine schwereren äußeren Verletzungszeichen.

Was mochte das arme Tier seit Hedwigs Tod wohl alles mitgemacht haben? War sie von den Erben mitgenommen worden und dann von einer unstillbaren Sehnsucht getrieben wieder hierher zurückgekehrt? Hatte sie sich schon während Hedwigs Krankenhausaufenthalt irgendwo in einem nahen Schuppen versteckt gehalten, um sich nachts in einem der nahen Bauernhöfe an den Freßnäpfen der Hofkatzen gütlich zu tun? Hedwig war schon viele Wochen tot. Nun war ihr die Katze nachgefolgt.

Ich holte aus meinem Auto den kleinen Klappspaten und beerdigte den Kadaver unter einem Holunderbusch hinter Hedwigs Haus. Ein Kreuz setzte ich der Katze nicht aufs Grab. Ich wollte nicht, daß es jemand entdeckt.

Adel verpflichtet

Der Jagdtag neigt sich dem Ende zu und findet mit einem fröhlichen Schüsseltreiben im Dorfgasthaus, mit einer Brotzeit auf der Hütte oder mit einer festlichen Tafel in den gastlichen Räumen des Jagdherrn seinen krönenden Abschluß. Die den ganzen Tag schwer auf der Schulter lastende Büchse oder Flinte ist endlich abgelegt und im Wagen verstaut. Die klobigen Bergstiefel oder die mit pfundweise Lehm behafteten Gummistiefel sind mit den plötzlich federleichten Straßenschuhen vertauscht, und man glaubt zu schweben. Das erste in einem Zug geleerte kühle Glas Bier löscht den Durst und stellt eine Labsal dar, wie man sie als zivilisierter Mensch bei einem Getränk sonst kaum noch erfährt. Der von der Wirtin aufgetragene Schweinebraten oder die von der Frau des Gastgebers servierten Filets machen es einem in Anbetracht des großen Hungers oft sehr schwer, ordentliche Tischmanieren zu bewahren.

Der Durst und der Hunger nach der Jagd sind etwas ganz anderes als das Durst- und Hungergefühl nach dem Büroalltag, das man viel leichter unterdrücken und relativ schnell in einer der vielen Fast-Food-Einrichtungen stillen kann.

Das Schüsseltreiben, das große Essen nach der Jagd, ist so alt wie die Jagd selbst. Unsere steinzeitlichen, noch mit Steinäxten bewaffneten Vorfahren jagten, damit sie etwas zu essen hatten. Machten sie keine Beute, dann mußte zwangsläufig die Höhlenküche kalt bleiben. Wir haben es da als Jäger natürlich heute schon besser, denn das Schüsseltreiben ist nicht unmittelbar mit dem Jagderfolg verknüpft, oder genauer gesagt: Die nach der Jagd gereichten Speisen und Getränke stehen nicht mehr in Relation zur erzielten Jagdstrecke. Oft müßten sonst nach so mancher Drückjagd die Teller leer bleiben. Was wir mit unseren steinzeitlichen Vorfahren heute noch gemein haben, ist die Zufriedenheit, das wohlige Sättigungsgefühl und die leichte, angenehme Müdigkeit, die einem ein voller Magen nach der Jagd beschert. Alle Körperfunktionen sind in dieser Phase auf die Verdauung ausgerichtet, und Magen und Darm werden, auf Kosten einer normalen Sauerstoffversorgung des Gehirns, verstärkt durchblutet.

In dieser postprandialen Phase war schon der Steinzeitjäger sehr verwundbar, und ich kann mir vorstellen, daß er nach dem Essen einen großen Stein vor seinen Höhleneingang gewälzt hat, um in Ruhe und von Bären unbehelligt verdauen zu können. Auf einem Fell lang dahingestreckt, hat er sich vielleicht im Schein des allmählich verglimmenden Feuers noch einmal die Höhlenmalereien angesehen, die er oder ein Mitjäger aus seinem Familienverband vor der Jagd mit Kohle an die Felsenwand gezeichnet hatte.

Die Verwundbarkeit in dieser Phase ist uns Jägern bis heute erhalten geblieben. Das Gewehr liegt entladen im Auto, der Hund ruht träumend und gar nicht mehr wachsam zu unseren Füßen, die nur noch in den Strümpfen stecken, weil wir die Schuhe längst, ohne die Schuhbänder zu öffnen, abgelegt haben. Der erste Knopf des zu eng gewordenen Hosenbundes ist geöffnet, der Alkohol hat den Blick etwas getrübt und unsere Reaktionsfähigkeit drastisch eingeschränkt.

Allerdings sind es heute keine wilden Tiere, die uns Jägern in dieser vulnerablen Phase des Verdauens ein Problem bereiten könnten – nein, es ist das Gästebuch, welches nach dem Essen von der freundlichen Wirtin über die Theke herübergereicht oder von der Gastgeberin auf einem Beistelltischchen mit der Bitte, man möge sich doch eintragen, aufgelegt wird.

»Nur ein kleiner Spruch, vielleicht eine kleine Skizze, ein kleiner Situationsbericht zur abgelaufenen Jagd, vielleicht in Gedichtform, oder ... na, Ihnen wird schon was einfallen!« So oder ähnlich klingt dann die Aufforderung, und wieder findet sich der alte Spruch bestätigt:

»Was für den Stier das rote Tuch,
ist für den Gast das Gästebuch!«

Man weiß heute, daß die steinzeitlichen Höhlenmalereien, die ersten Zeugnisse künstlerischer Betätigung des Menschen, vor der Jagd – ich betone *vor* der Jagd! – entstanden sind, um den Jagderfolg heraufzubeschwören.
Nach der Jagd war der Steinzeitjäger faul. Niemals hätte er nach der Bären- oder Mamuthatz und nachfolgendem Gelage eine erkaltete Holzkohle vom Rand der Feuerstelle genommen, um damit in Form einiger Piktogramme Dankesworte an die Höhlenwand zu kritzeln. So können die Höhlenmalereien, die ersten Jagdbilder, niemals eine Vorstufe unserer Jagdtage- und Gästebüchern darstellen, die folglich einer sehr viel späteren Epoche der Jägerei entsprungen sein müssen.
Manche bequemen Zeit- und Waidgenossen halten es mit der Urform der Jagd, berufen sich auf Ihre Vorfahren und sehen im Jagdgästebuch eine überflüssige Erfindung unserer Zeit. Taucht beim Schüsseltreiben nach dem Essen ein Gästebuch auf, dann wird es weitergereicht wie eine Sammelbüchse, die man möglichst schnell, ohne selbst etwas hineingeworfen zu haben, dem Nachbarn zur Rechten oder zur Linken in die Hände drückt. Meist landen diese Bücher dann bei mir, denn man weiß inzwischen, daß ich sie liebe.
Ich blättere so gerne in diesen Erinnerungsbüchern, in diesen Chroniken der Vergangenheit, geben sie mir doch Auskunft, welche Menschen vor mir schon das große Glück hatten, in diesem Revier jagen und die Gastfreundschaft in diesem Haus genießen zu dürfen. Ich freue mich über die manchmal recht unbeholfenen, aber ehrlichen Zeichnungen, bewundere die meisterhaften Skizzen, mit denen sich Autodidakten wie Künstler auf bunten Blättern verewigt haben, und ich amüsiere mich über die Gedichte von hobbymäßigen Verseschmieden und echten Poeten gleichermaßen, die ihren Dank in Reimen daruntergeschrieben haben.

Wenig einfallsreich und recht abgedroschen liest sich der einfache Reim, der beinahe in jedem Gästebuch zu finden ist und nicht unbedingt von großen dichterischen Qualitäten seines Schreibers zeugt: »Mit bestem Dank, für Speis und Trank ...«

In besonders lieber Erinnerung dagegen ist mir der Eintrag des Jagdmalers Ludwig Hohlwein in das Gästebuch des Erzählers Ludwig Benedikt v. Cramer Klett aus dem Jahre 1934: Für einen Jagdaufenthalt während der Hirschbrunft bedankte sich der Maler beim Dichter nicht nur mit einem für seinen Stil typischen plakativen Aquarell, sondern auch mit einem Vierzeiler, der den Schriftsteller wegen seiner Schlichtheit und ehrlichen Aussage sicherlich nicht minder erfreut haben dürfte

»Ich schoß dicht beim Hirschen
ins Gras ein Loch.
Ihm hat's nichts geschadet,
aber schön war es doch!«

Eines der kostbarsten und schönsten Jagdgästebücher, die ich durchblättern und in die ich später selbst meinen Dank eintragen durfte, war das Album eines österreichischen Grafen, den ich anläßlich einer Jagdkunstausstellung kennenlernte. Im Laufe unseres sehr angeregten Gespräches über Jagd und Jäger, Kunst und Künstler kamen wir auf Eugen Graf Ledebur zu sprechen, jenen österreichischen Maler und Zeichner, der neben vielen Jagdbüchern auch lange Jahre die PIRSCH und den DEUTSCHEN JÄGER illustriert hat. Auf mein Bedauern, daß von diesem genialen Illustrator kaum noch Originale zu sehen seien, entgegnete mir der Graf überrascht mit unüberhörbaren Wiener Akzent: »Na hörn's of! Komman'S zu mir – mein Gästebuch is voll davon!«

Schon im Sommer des folgenden Jahres wurde ich auf die Burg des Grafen eingeladen, um das Gästebuch anzuschauen und nebenbei einen Rehbock und einen Widder, oder wie der Graf sich ausdrückte, einen »Mufflooon« zu erlegen, wobei er bei dem Wort »Mufflooon« die Betonung auf die zweite, sehr langgezogene Silbe legte.

Ich war überwältigt von dieser Großzügigkeit und packte neben Fernglas und Büchse natürlich auch meinen Malkasten, Bleistift, Feder und Tusche ein, denn ich wußte ja, daß es auf der gräflichen Burg ein gräfliches Gästebuch gab.

Am Vortag meiner Anreise ließ sich der Graf telefonisch noch die Maße meines Wagens durchgeben. So große Böcke oder »Mufflooons« wird er kaum haben, daß sie nicht in meinen Wagen passen würden, dachte ich mir, denn ich fuhr damals einen fünftürigen, großen Geländejapaner. Die Anzahl der Pferdestärken seines Autos weiß man ja so ungefähr, den Kraftstoffverbrauch und die Höchstgeschwindigkeit auch, aber wer hat denn die Maße seines Wagens im Kopf, und wozu brauchte er diese technischen Daten? Der Graf bestand darauf, daß ich ihm die exakte Breite meines Fahrzeuges durchgab. Mit Erleichterung nahm er zur Kenntnis, daß mein Wagen eine Breite von 170 Zentimetern hatte und – nun löste sich das Rätsel – somit sechzehn Zentimeter schmaler war als die über einen großen Wassergraben zu seiner Burg führende Zugbrücke. Die freundliche Jagdeinladung wäre natürlich nicht wiederrufen worden, hätte ich statt des relativ schmalen »Japaners« einen um einige Zentimeter breiteren englischen Range-Rover gefahren, aber der Graf plante stets alles minutiös und bis ins kleinste Detail. Wäre es mir nicht möglich gewesen mit meinem Auto die Zugbrücke zu passieren, dann hätte er mir von einem seiner Bediensteten drunten im Ort einen Parkplatz zuweisen und mich abholen lassen.

Nach einer mehrstündigen anstrengenden Autofahrt unter sengender Sonne traf ich an jenem dritten August in dem wunderschönen Waldgebirge ein, wo die Vorfahren meines Gastgebers vor vielen hundert Jahren ihre Burg errichtet hatten. Nahe bei der Straße rechte eine alte Bäuerin mit einem Holzrechen das Heu zusammen, das den Greifarmen des Ladewagens entgangen war. Ich hielt an, um sie nach dem Weg zu fragen. Ein freundliches, von der Sonne braun gebranntes Gesicht lachte mir unter einem großen, weißen Kopftuch entgegen, als ich ihr über die abgemähte Wiese entgegenging. Der Alten schien mein Auftauchen eine willkommene Abwechslung zu sein, denn gerne unterbrach sie ihre Arbeit, obwohl sich schon drohend dunkle Gewitterwolken am Himmel zusammengezogen hatten.

Als ich die Bäuerin nach der Burg des Grafen fragte, musterte sie mich erst einmal von oben bis unten, als müsse sie es sich überlegen, ob sie mir den Weg überhaupt zeigen dürfte.
»San ma 'leicht auf einen Bock eingeladen?« fragte sie scheinheilig, als sie aus meiner Jägerkluft und meinem Reiseziel gewisse Schlüsse gezogen hatte. Es handele sich nur um einen Besuch, versuchte ich ihre Neugierde zu stillen, denn aus Fehlern hatte ich gelernt, ausgesprochene Jagdeinladungen für mich zu behalten. Wer weiß? Vielleicht war die Alte die Mutter des Jagdnachbarn und hatte nun nichts anderes zu tun als schnellstens heimzulaufen und Meldung zu erstatten: »Da Grof hot heit wieda an Gost!« Meine Vorsicht war in diesem Falle unbegründet, denn bereitwilligst gab sie mir Auskunft

und lobte den Grafen als einen großzügigen, hilfsbereiten, allseits beliebten Herrn, dessen Wälder gleich hinter der nächsten Bergkuppe beginnen würden. »Und dann gehört alles, soweit das Oge reicht, dem Herrn Grofen«, schloß sie ihre Ausführungen, um dann schnell das restliche Heu zusammenzurechen, denn schon fielen die ersten dicken Regentropfen.

Ich mußte schmunzeln, denn diese Äußerung der Bäuerin erinnerte mich stark an das Märchen vom gestiefelten Kater, der auf der Fahrt durch das Land erfahren mußte, daß alles, was zu sehen war, dem Herrn Grafen gehörte.

Nur noch wenige Kilometer trennten mich von meinem Ziel, als das Gewitter so richtig loslegte.

Die Scheibenwischer schafften es kaum, der Wassermassen Herr zu werden. Die Landschaft war plötzlich in ein dunkles Blau getaucht. Unablässig zuckten grelle Blitze auf, die, gefolgt von ohrenbetäubenden Donnerschlägen, Wiesen und Wälder schwefelig gelb aufleuchten ließen. Kräftige Windböen, die erst vor wenigen Stunden gewendetes Heu durch die Luft wirbelten, drohten mich von der schmalen Landstraße abzubringen – da tauchte die mittelalterliche Burg vor mir auf. Wäre in diesem Moment noch eine Fledermaus vor meinem Wagen vorbeigeflattert, ich gebe es offen zu: Ich wäre versucht gewesen wieder umzukehren!

Bedrohlich ragten die wuchtigen Türme in den gespenstischen Gewitterhimmel. Der Sturm wiegte die den Graben einsäumenden Trauerweiden hin und her, peitschte das Wasser des Burggrabens auf und drohte die bereits ausgefranste rot-weiße Fahne auf der Zinne vollends zu zerreißen.

Graf Dracula läßt grüßen, dachte ich mir, blieb erst einmal im Auto sitzen und fand allmählich Gefallen an dieser Stimmung, wußte ich doch,daß mein Gastgeber einer ganz anderen Linie entstammte und mit jenem reißzahnbewehrten blutrünstigen Grafen aus den Karpaten in keinem verwandtschaftlichen Verhältnis stand.

Die nach dem Gewitter wieder erstrahlende Abendsonne tauchte das mächtige mittelalterliche Schloß in ein warmes,

goldenes Licht, und langsam steuerte ich meinen Wagen mit etwas Geschick über die noch nassen und glitschigen Planken der Zugbrücke. Der Abend vor dem Kamin im Kreise der gräflichen Familie, bei Steirischem Wein, umgeben von kostbarsten Gemälden und altem, wertvollem Mobiliar, von eisenbeschlagenen, mit riesigen Schlössern versehenen Truhen und Kästen, versetzte mich in eine längst vergangene Zeit zurück – in eine Atmosphäre, die ich bislang nur aus Filmen und Büchern kannte. Im Flackerlicht des Kaminfeuers warfen die vielen alten Hirschgeweihe lange bewegte Schatten auf die weiße rauhverputzte Wand des großen Burgzimmers, und leise durchdrang die Stimme des Grafen die angenehme Stille des Raums, der sonst nur vom Knacken der großen buchernen Scheite im Kamin belebt wurde.

Er erzählte mir die Geschichte seiner und die der Vorfahren seiner Gemahlin, die ihn nur hin und wieder unterbrach, wenn ihm eine Jahreszahl oder das Geburts- oder Sterbejahr eines der verwandten Grafen, deren Portraits vom Kaminfeuer erhellt über uns hingen, nicht gleich geläufig war. Dann berichtete er mir von seinem Revier, schilderte Jagderlebnisse, sprach über Gäste und stand endlich auf, um aus einem der schweren eichernen Schränke, die das Wappen seiner Familie zierte, das Gästebuch herauszuholen. Der hochgewachsene, aber schlanke Graf hatte etwas Mühe, den schweren in Leder gebundenen Band mit einer Hand aus dem Kasten zu ziehen. Mit einem dumpfen Schlag ließ er die Chronik auf den dunklen Eichentisch gleiten. Dann zündete er einen mehrflammigen Kerzenleuchter an, schob ihn neben das Buch und forderte mich mit einem galanten: »Bitte sehr, der Herr!« auf, darin zu blättern. Schon nach den ersten Seiten erkannte ich, daß ich ein Buch von nicht nur unschätzbarem ideellen, sondern auch von großem realen Wert auf meinen Knien ruhen hatte.

Meisterlich ausgeführte detailgetreue Pferdebildnisse und Reiterszenen zeigten die Eintragungen, die vor dem zweiten Weltkrieg in dieses Buch vorgenommen worden waren. Der

Graf hatte das Gästebuch von seinem Schwiegervater übereignet bekommen, der lange Zeit Leiter der spanischen Hofreitschule in Wien gewesen war. Vertreter des österreichischen Hochadels dankten mit launigen Sprüchen für gemeinsame Ausritte und für im vertrauten Freundeskreis verbrachte Abende bei Wein und Kartenspiel. Es war damals offensichtlich üblich, die eigenen Zeilen durch Illustrationen namhafter Künstler bereichern zu lassen. Vielleicht waren es die Werke eines Hofmalers, oder vielleicht gab es damals gar einen eigenen k. und k.-Gästebuchillustrator? Langsam, vorsichtig und immer wieder staunend blätterte ich Seite für Seite die leicht bräunlich vergilbten, kostbar gestalteten Bögen durch und stieß schließlich auf die unverkennbaren, mit leichtem Strich ausgeführten, lustigen Zeichnungen des Grafen Ledebur. Schon als Kind hatte ich in den alten Jagdzeitungen seine Karikaturen und Illustrationen bewundert. Nun war ich vorgedrungen bis in das Revier, wo er als gern gesehener Gast seinem geliebten Waidwerk frönen konnte, und ich fand mich in einer Familie herzlich aufgenommen, in der auch er als Freund des Hauses uneingeschränktes Gastrecht genießen hatte dürfen.

Das Kaminfeuer war längst am Verglimmen, und die Kerzen waren weit heruntergebrannt, als ich den schweren Band zuklappte, um ihn mit in das Gästezimmer im Westflügel der Burganlage zu nehmen, wo ich in einem kunstvoll gedrechselten alten Himmelbett einem unvergeßlichen Jagdtag entgegenschlummerte, bis mich das Schlagen der Turmuhr auf dem First der Burgkapelle aus meinen Träumen von Pferden, Hirschen und gräflichen Burgfesten in die Wirklichkeit eines sonnigen Augustmorgens zurückholte.

Der Graf ließ es sich nicht nehmen, mich selbst auf der Blattpirsch in seinem großen Revier zu begleiten. Einen seiner Jäger wies er an, sich in unserer Nähe zur Verfügung zu halten. Für den Fall, daß ich zu Schuß komme, solle er sich unverzüglich in unsere Richtung bewegen, um das Stück, wenn erforderlich, nachzusuchen und dann auch aufzubrechen.

Bisher hatte ich meine Böcke immer noch selbst aufgebrochen, und die Vorstellung, ich würde untätig danebenstehen, wenn ein anderer das von mir erlegte Wild versorgt, war mir etwas ungewohnt. Heute habe ich damit kein Problem mehr, denn mein kleiner Sohn wäre in seiner Ehre tief verletzt, würde ich ihm nicht die Versorgung meiner Beute überlassen. Hubertus möge ihm diese Begeisterung erhalten!

Der erste Hochsitz, den ich mit dem Grafen bezog, stand in einem idyllischen kleinen Wiesental, das von einem gluckernden Bächlein mäanderförmig durchflossen wurde. Das kleine Tal war zu beiden Seiten von dichten Kieferndickungen eingesäumt, an deren Rändern ich im Fernglas schon allmählich erblühendes Heidekraut entdeckte. Die Sonne hatte den Zenit bereits überschritten und zeichnete wieder längere Schatten auf die Wiese, die der Graf zum Schutz der Wiesenbrüter nie mähen ließ. Vom nahen Bach vernahm ich das mich jedesmal elektrisierende klatschende Geräusch steigender Forellen. Den Fokus meines Fernglases verändernd, machte ich mir einen Spaß daraus, die über dem Bach schwärmenden Eintagsfliegen zu beobachten. Der Versuch mit einer kurzen Fliegenrute, vielleicht mit der kleinen, vom Gebetsroither Hans selbst gebauten Gespließten, wäre hier sicher erfolgversprechend, aber das Bestreben meines noblen Gastgebers war es ja, mich auf einen Bock zu Schuß zu bringen.

Nachdem wir einige Minuten gewartet hatten, forderte mich der Graf leise auf zu blatten. Eine gewisse Unruhe befiel ihn, denn wie er mir zu verstehen gab, sei hier mehrfach ein kapitaler Bock bestätigt worden. Vorsichtig nahm ich meinen Reitmayr-Blatter aus der hölzernen Hülse. Ich wußte, daß ich mich auf dieses Lockinstrument verlassen konnte, hatte mich doch der Hersteller selbst in den Gebrauch seines Lockpfeiferls eingewiesen und dem Blatter die richtige Stimmung verliehen.

Die Geschichte, wie ich an meinen ersten Reitmayer-Blatter kam, möchte, oder besser gesagt: muß ich an dieser Stelle unbedingt einflechten: Es ist kein Geheimnis, daß pharmazeutische Firmen ein großes Interesse daran haben, daß der Name ihrer Produkte den verordnenden Ärzten im Ohr, oder besser noch in der Feder sitzt. Um das zu erreichen gibt es, wie in anderen Branchen auch, Werbeartikel mit dem Namensaufdruck des Produktes, mit dem die Firma auf dem nicht mehr zu überschauenden Markt die führende Rolle übernehmen möchte. So finden sich in Arzthaushalten Flaschenöffner mit dem Aufdruck verschiedener Leberschutzpräparate, Kaffeetassen mit dem Logo eines Migränemittels und Taschenlampen mit dem Namenszug eines Medikamentes, welches den nächtlichen Harndrang angeblich völlig unterbinden soll.

Da die Werbefachleute Meister ihres Fachs sind, haben sie sehr schnell herausgefunden, daß der Name eines Produkts nicht nur geläufig sein, sondern daß der von der Werbung angesprochene Verbraucher mit diesem Produkt auch etwas Angenehmes verbinden muß. In heutigen Werbejargon heißt dies, daß der Artikel »positiv besetzt« sein muß. Eine Taschenlampe, die einen Wackelkontakt hat, ein Flaschenöffner, mit dem man sich die Hand verletzen kann, sind schnell negativ besetzt, was die Werbewirksamkeit aufhebt oder mitunter in das Gegenteil umschlagen läßt.

Da kamen nun Meinungsforscher zu dem Ergebnis, daß unter den Ärzten ein relativ hoher Prozentsatz der grünen Zunft der Jäger angehört und daß man diesen Umstand bei der Vermarktung eines Artikels nutzen müsse. (Ich möchte aber ausdrücklich betonen, daß ich mich von dererlei Überlegungen bei der Wahl des Titels zu diesem Buche nicht habe leiten lassen.) Diese Erkenntnis machte sich eine große pharmazeutische Firma zunutze und lud im Anschluß an eine medizinische Fortbildung Ärzte mit bestandener Jägerprüfung zu einem Seminar mit dem bekannten Blatthersteller Reitmayr ein. Es war ein sehr aufschlußreicher Abend mit viel theoretischen Betrachtungen über das Wann, das Wo und das Wie des Blattens, denen sich dann sozusagen eine Solovorführung des Meisters höchstpersönlich auf seinem Instrument anschloß.

Schon im Vorfeld dieses medizinisch-jagdlichen Seminars hatte die pharmazeutische Firma jedem Arzt einen Blatter zukommen lassen, mit der Bitte, ihn für die praktischen Übungen an diesem Abend mitzubringen. Ich werde nie das Bild und den Krach vergessen, den etwa dreißig gestandene Mediziner, Chefärzte, Assistenten und niedergelassene Fachärzte jeden Alters boten, als sie mit dem Blatter im Mund im kleinen Konferenzzimmer eines Nobelhotels den Sprengfiep übten. Ich hegte keine Bedenken, daß wir das Fiepen nicht lernen würden – meine einzige Sorge war, ein Außenstehender könnte uns sehen und uns für verrückt erklären.

Dank dieser Fortbildung und der Reitmayrschen Unterweisung habe ich in den folgenden Jahren viele Böcke, wenn auch nicht immer erlegt, so aber doch gekonnt vor die Büchse gelockt. Den Namen des Präparates, das mit dem Blatter postiv besetzt werden sollte, habe ich allerdings vergessen.

Es kostet mich jedesmal eine gewisse Überwindung, mit dem Blatter in die Stille eines Sommertages hineinzufiepen. Aus Angst, der Ton könnte auf Anhieb nicht richtig sitzen und ich würde den Rehbock eher vergrämen anstatt ihn anzulocken, bekomme ich manchmal trockene Lippen und ein bißchen Lampenfieber. So, stelle ich mir vor, kann es auch einem Klarinettisten gehen, der in einem ausverkauften, mucksmäuschenstillen Konzertsaal tief einatmet, um den ersten Ton seines Solopartes anzublasen. Der Vergleich ist gar nicht so weit hergeholt, denn ich saß auf einer Freilichtbühne inmitten einer wunderschönen Kulisse, und mein Zuhörer war der Graf. Ich wollte mich vor ihm nicht mit einem stümperhaften Gefiepe blamieren, holte tief Luft, schloß die Augen und preßte ganz moderat den Atem in die Bohrung des kleinen Weichholzblatters, an dessen Luftauslaßöffnung ich den austretenden Schall mit der Hohlhand aufnahm, um ihn mit eleganten Fingerbewegungen zu modulieren. Zart, weich und schmachtend ertönte in mehreren Sequenzen mein Schmalrehfiep, der auch dem Grafen imponiert haben mußte, denn er hob anerkennend die Augenbrauen und nickte beifällig.

Erwartungsvolle Stille kehrte wieder ein, die nur von dem Platschen der unablässig steigenden Forellen unterbrochen wurde. Die Fische interessierten mich in diesem Moment nicht mehr, denn alle Sinne waren nun darauf gerichtet, ob nicht irgendwo drüben am Rand der Dickung unter Knacken von dürrem Reisig ein roter Wildkörper auftauchen würde. Summende, brummende und sirrende Insekten umkreisten uns, kamen näher und entfernten sich wieder. Zum Glück hatte ich Hände, Gesicht und Nacken mit einem Mückenschutzmittel eingerieben und war deshalb für die stechenden Plagegeister ziemlich unattraktiv.
Jedesmal wenn ich das kleine gelbe Plastikfläschchen mit dem Mückenmittel öffne und mir der Geruch dieses chemischen, mit frischem Zitrusduft angereicherten Gemisches in die Nase steigt, dann scheinen in meinem Körper interessante biochemische Prozesse abzulaufen, die in meinen hintersten Gehirnwindungen Erinnerungen an frühere Blattjagderlebnisse aktivieren. Gerüche, ganz egal ob angenehme oder schlechte, vermögen bei mir immer sehr schnell bestimmte Assoziationen hervorzurufen. Im tiefsten Winter einmal an diesem Mückenmittel geschnuppert – und schon fühle ich mich in den Hochsommer zurückversetzt, mit Grillenzirpen, summenden Insekten und treibenden Böcken! Dies hat natürlich nichts zu tun mit der Sucht eines Lösungsmittelschnüfflers, der sich mit Hilfe giftiger Dämpfe in eine Traumwelt katapultiert.
Der Graf hatte offensichtlich keinen Mückenschutz angelegt, denn unablässig klatschte er sich mit der Hand leise in den Nacken, griff die stechenden Plagegeister und zerrieb sie zwischen Daumen und Zeigefinger. Dabei entglitten seinen Lippen ganz gedämpft einige Flüche, die nicht unbedingt von hohem Adel zeugten. Das machte ihn mir noch sympathischer!
In dem Wiesentälchen tat sich nichts. Jedoch etwa dreihundert Meter zu unserer Rechten entdeckte ich hinter einem Wacholderbusch den Aufsichtsjäger mit seinem Hund, die in gebührendem Abstand unserer Fährte gefolgt waren, um

rechtzeitig zum Nachsuchen und Aufbrechen zur Stelle zu sein. Mit einem großen weißen Taschentuch, auf dem ich das gestickte gräfliche Wappen erkannte, winkte der Graf dem Jäger und zeigte ihm an, daß wir nun in westliche Richtung weiterpirschen würden. Langsam, immer wieder stehenbleibend und spekulierend, pirschten wir auf einem kleinen, sandigen Pfad durch die Kieferndickung, die allmählich immer lichter wurde und den Blick hinaus auf einen großen Weizenschlag freigab. Mitten aus dem Halmenmeer ragte eine kleine, steinige, mit säulenartigen Wacholderbüschen bestockte Insel hervor, auf der man eine geräumige überdachte Kanzel errichtet hatte. Von diesem Hochsitz aus wollten wir einen zweiten Blattversuch unternehmen, denn am anderen Rande des Getreideschlages schloß sich erneut eine vielversprechende Kieferndickung an. Wieder forderte der Graf mich auf zu blatten, und wiederum zeigten meine Fieptöne nicht die erwünschte Wirkung. Lediglich den Aufsichtjäger, der auf einer kleiner Anhöhe rechts von uns Posten bezogen hatte, bekam ich wieder in Anblick.

Der Graf bat mich auf der Kanzel sitzen zu bleiben, kletterte dann leise die Leiter hinab und schlich in gebückter Haltung die paar Meter bis an den Rand des Getreidefeldes vor, das uns wie ein wogendes Meer umgab. Mit gezielten Messerhieben schnitt er einige Getreidehalme ab und saß, ohne ein störendes Geräusch zu verursachen, kurze Zeit später wieder neben mir. Wägend und prüfend ließ er die Strohhalme durch seine feingliedrigen Finger gleiten und schnitt dann mit seinem kleinen silbernen Taschenmesser aus dem stärksten Halm ein etwa sieben Zentimeter langes Stück heraus, das er an einem Ende vorsichtig quer zur Faserrichtung mit einer kleinen Einkerbung versah. Ich konnte mir zuerst keinen Reim darauf machen, was das zu bedeuten hatte. Erst als der Graf sich mit der Zunge die Lippen befeuchtete und den kleinen Strohhalm in den Mund schob, wurde ich stutzig. Ganz zarte, gedämpfte, natürliche Fieptöne entlockte er dieser kleinen Zauberflöte, wobei seine Mundhöhle als Resonanzkörper diente. Ich war platt und wollte gerade meiner Bewunderung für die gelungen Töne Ausdruck verleihen, da leuchtete es im Meer der gelben Halme auch schon rot auf, und begierig rauschte ein Bock direkt auf uns zu. Wie ein Schifflein auf hoher See immer wieder in Wellentälern verschwindet, so tauchte auch der Bock immer wieder ein in die sich über ihm zusammenschließenden Halme, um dann wieder aus ihrer Umklammerung hervorzutreten. Genau konnte ich den Betörten in der Kürze der Zeit nicht ansprechen, aber soviel konnte ich erkennen, daß er zwar keine starken, aber doch abnorme Stangen zwischen seinen Lauschern trug. »Bitte sehr, schießen Sie!« flüsterte mir mein Gastgeber ruhig und ohne Hast zu. Ich fuhr mit dem im Stechschritt schräg an uns vorbeiziehenden Bock mit, hatte bereits eingestochen, und als er für einen kurzen Moment verhoffte, um mit hochgetragenem Windfang Witterung zu holen, da warf ihn meine auf den Trägeransatz gezirkelte Kugel in das reife Korn.

Ich freute mich riesig und wartete auf die Freudenausbrüche meines adeligen Pirschführers. Der aber klopfte mir nicht etwa auf die Schulter und wünschte mir Waidmannsheil, sondern er entschuldigte sich dafür, daß es ihm nicht gelungen sei, mir einen wirklich kapitalen Bock herbeizublatten. Die ihm anzumerkende Enttäuschung war nicht gespielt. Immer wieder fing er davon an, daß solche Böcke hier normalerweise seine Jagdaufseher schießen würden und daß er mir einen echten Erntebock zugedacht hätte. Ich beeilte mich, an den Anschuß zu gelangen und fand meinen gräflichen Kümmerer mit sauberem Schuß auf goldgelbe Ähren gebettet. Es war ein etwa lauscherhoch aufhabender, hauchdünnstangiger ungerader Sechser, mit nur dornartigen Vereckungen und ohne jede Perle. Die helle, fahle Färbung des Gehörns hob sich kaum von den Getreidehalmen ab, die zwischen den Stängelchen eingeklemmt waren. Behutsam löste ich das Haupt des Bockes aus dem Gewirr der Halme, die von feinsten hellroten Schweißspritzern übersät waren. Das besondere an dieser Trophäe war die Stellung der dünnen Stängelchen. Die rechte

Gablerstange war nach vorne gebogen und erinnerte an eine Spielhahnfeder, wie sie rauflustige Burschen im Gebirge mit der Sichel nach vorne gerichtet am Hut tragen. Die linke, mickrige Sechserstange ragte im gleichen Winkel nach hinten. Von der Seite betrachtet, bildeten die beiden Stangen ein etwas schlampig gezeichnetes X.

Ich war sehr glücklich über diese Abnormität, und allmählich schien auch der Graf zu spüren, daß er mir eine große Freude bereitet hatte. Ich war so mit dem Begutachten meines Bockes beschäftigt, daß ich es gar nicht mitbekommen hatte, wie der Jagdherr vom nahen Waldrand einen Föhrenbruch holte. Als er mir den harzig duftenden Zweig auf seinem breitkrempigen englischen Jagdhut überreichte, da stürmte, ganz außer Atem, auch schon der Aufssichtsjäger mit seinem Hund heran, wünschte mir »Waidmannsheil« und begann sofort mit der roten Arbeit.

Wir kehrten in die gastliche Burg zurück, und nach einem reinigenden, erholsamen Bad in einer mit handbemalten Fliesen verkleideten Wanne begann ich noch vor dem Abendessen mit meiner Eintragung in das gräfliche Gästebuch.

Ich aquarellierte meinen Bock, wie er gerade durch das Halmenmeer auf uns zustürmt, und deutete im Hintergrund die mächtige Burg an.

Darunter schieb ich, so kalligraphisch schön wie es mir möglich war:

»Es gibt der Blatter wirklich viel,
aus Gummi, Plastik, Holz.
Man kommt damit oft nicht ans Ziel,
– der Bock hat seinen Stolz!
Doch blattet endlich der Herr Graf
auf Stroh, das tut er gern,
dann springt herbei der Bock ganz brav
– zur Stimme seines Herrn.
Ein dankbarer Jagdgast, 4. August 1993«

Bei Kerzenschein versammelten wir uns wieder vor dem Kamin, stießen mit wertvollen Kristallpokalen an, in denen alter Bordaux rubinrot funkelte, und tranken auf den erlebnisreichen Jagdtag. Der Graf konnte es nicht lassen wiederholt zu betonen, daß es ihm eine noch größere Freude wäre, könnte ich morgen zu Hause meiner Frau einen besseren Bock aus seinen Wäldern präsentieren. Nun hätte er die Hoffnung, daß ich ein andermal wiederkäme, um einen wirklich dicken »Mufflooon« zu erlegen.

Der Wert einer Trophäe ist immer zwischen den Stangen zu suchen, denn hier steht sie, die Erinnerung an die Umstände der Erlegung. Wegen der engen, abnormen Stellung des Gehörns war zwischen den Stangen diese Bockes wenig Platz, aber selbst ein Bock mit übergroßer Auslage hätte es nicht vermocht, die große Fülle von Eindrücken und beglückenden Stunden aufzunehmen, die ich während dieses Jagdaufenthaltes erfahren und erleben durfte.

Entgegen meiner sonstigen Gewohnheit montierte ich das Gehörn auf ein antiquarisch erworbenes, kunstvoll geschnitztes dunkles Brettchen, und auf die gebleichte Hirnschale malte ich in den Farben rot und weiß das Wappen meines gräflichen Freundes.

So hat diese Trophäe dann auch in meinen Räumen einen ganz besonderen Ehrenplatz gefunden. Abseits von der großen Menge meiner »Allerweltsböcke« (einen wirklich kapitalen habe ich nie geschossen) hängt sie heute ganz alleine in einer kleinen Nische, von einem kleinen Halogenspot beleuchtet – denn Adel verpflichtet!

Lektüre für Mußestunden

Jörg Mangold
Jagdimpressionen
Bilder und Skizzen des Jagdmalers Jörg Mangold
Motive aus der heimischen Wildbahn: Aquarelle, Ölgemälde, Skizzen und Zeichnungen des international anerkannten Jagdmalers, die seine enge Beziehung zu Jagd und Natur widerspiegeln.

Manfred Schatz
Augenblicke der Bewegung
Die neue Epoche der Wildtiermalerei
Meisterwerke eines der größten Wildtiermaler unserer Zeit: großformatiger Bildband mit über 200 faszinierend lebendigen Gemälden und Zeichnungen.

Jagdtage- und Gästebuch
Tage- und Gästebuch mit ansprechend gestalteten Seiten des Jagdmalers Jörg Mangold – Motive, die dem Lauf des Jagdjahres folgen, und viel Platz für eigene kreative Ideen bieten.

Gert G. von Harling
Zauber der Wildbahn
Ein Streifzug durch heimische Reviere im Wechsel der Jahreszeiten mit eindrucksvollen Fotos der Wildtiere und ihrer Lebensräume · Einfühlsame Texte, die das Waidwerk Monat für Monat schildern, Denkanstöße geben und Verständnis wecken für die komplexen Zusammenhänge in der Natur.

Im BLV Verlag finden Sie Bücher zu folgenden Themen: Garten und Zimmerpflanzen • Wohnen und Gestalten • Natur • Heimtiere • Jagd • Angeln • Pferde und Reiten • Sport und Fitneß • Tauchen • Reise • Wandern, Alpinismus, Abenteuer • Essen und Trinken • Gesundheit und Wohlbefinden

Wenn Sie ausführliche Informationen wünschen, schreiben Sie bitte an:
**BLV Verlagsgesellschaft mbH • Postfach 40 03 20 • 80703 München
Telefon 089/12705-0 • Telefax 089/12705-543**